广东特色现代学徒制系列丛书

XIANDAI XUETUZHI KUANGJIAXIA
LINGSHOU DIANZHANG PEIYANG MOSHI YANJIU YU SHIJIAN

百果园职业教育联盟现代学徒制职业店长培养系列教材

现代学徒制框架下
零售店长培养模式研究与实践

谭福河　阚雅玲　门洪亮　著

广东高等教育出版社
Guangdong Higher Education Press
·广州·

图书在版编目（CIP）数据

现代学徒制框架下零售店长培养模式研究与实践/谭福河，阚雅玲，门洪亮著．—广州：广东高等教育出版社，2016.11

（广东特色现代学徒系列丛书）

百果园职业教育联盟现代学徒制职业店长培养系列教材

ISBN 978 - 7 - 5361 - 5753 - 8

Ⅰ．①现…　Ⅱ．①谭…　②阚…　③门…　Ⅲ．①零售商店 - 商业管理 - 人才培养 - 培养模式 - 研究　Ⅳ．① F713.32

中国版本图书馆 CIP 数据核字（2016）第 247375 号

出版发行	广东高等教育出版社
	地址：广州市天河区林和西横路
	邮政编码：510500　电话：（020）85250745
	http://www.gdgjs.com.cn
印　　刷	佛山市浩文彩色印刷有限公司
开　　本	787 毫米×1 092 毫米　1/16
印　　张	10.25
字　　数	215 千
版　　次	2016 年 11 月第 1 版
印　　次	2016 年 11 月第 1 次印刷
定　　价	25.00 元

编委会成员名单

序

现代学徒制是传统学徒培训与现代学校教育相结合、企业与学校合作育人的一种职业教育制度。广东是全国改革开放的先行地，在探索现代学徒制方面走在全国前列。2014年以来，广东稳步推进现代学徒制试点工作，到2015年8月，有10家单位入选教育部首批现代学徒制试点单位，入选数量在全国位居前茅。广州番禺职业技术学院是首批国家示范高职院校，也是全国首批现代学徒制试点院校，同时还承担了广东省高等职业教育市场营销专业现代学徒制专业教学标准研制工作，在以标准化引领现代学徒制试点方面走在了前列。

从实践来看，广州番禺职业技术学院牢牢把握现代零售业发展对零售店长人才的需求，牵手行业领军企业、高职院校、本科院校、中职学校等成立职教联盟，以现代学徒制"职业店长"培养为抓手，通过专业教学标准研制、共同组建科研团队、教师培训与交流、教学资源建设与共享、现代学徒制联合招生申报等方式，升级二级学院办学模式，形成了互利共生机制，凸显集群化与连锁化办学效应。《校企共建百果园学院深度探索现代学徒制》被教育部选为典型案例，在2015年现代学徒制国际研讨会上作为国内高职仅有的2个代表之一做经验介绍。广东特色现代学徒制系列丛书之"百果园职业教育联盟现代学徒制职业店长培养系列教材"，既是该学院现代学徒制工作成果的凝练总结，又是广东特色现代学徒制实践的重要组成部分，更为可贵的是，它为思考"何为现代学徒制的广东特色"开辟了新的视角，拓展了新的空间。

广州番禺职业技术学院零售店长集群化与连锁化培养模式探索，不仅将现代学徒制视为技术技能训练模式，还将其视为职业文化建设与传播重要方式和职业院校在社会生态系统中重塑自身角色的机会，这将会把推动零售店长社会生态系统健康发展作为核心诉求。作为探索的成果，本书的思路及构想既代表了广东特色现代学徒制的发展方向，也凝聚了广东职教人大胆探索、先行先试的智慧和勇气。书中提出："现代学徒制框架下零售店长培养的第一目标虽然是就业，但首要目标是文化塑造与传播，这是人才培养模式改革应当遵循的基本理念。"我想这既是基本理念，也应当是现代学徒制探索的战略任务，是培育现代学徒制广东特色的工作方向，是落实大国工匠精神的具体体现，因为职业教育理应成为职业文化的高地和工匠精神的摇篮。

探索性工作的迷人之处在于百花齐放、百舸争流所表现出来的生机与活力。试点团队不辱使命，以令人赞叹的职业教育使命感与工作智慧，破解了探索道路上的一个个难题，形成了丰硕的、具有行业特色与院校特色的研究与实践成果，这是非常值得赞赏的。改革贵在坚持、重在创新，我期待着有更多的有识之士投入到激情燃烧的职业教育改革发展中，期待着职业教育改革发展成果一个又一个诞生于岭南大地、耀眼于珠江之畔！

有感而发，是为序。

广东省教育研究院
院长、党委书记

2016 年 9 月 19 日

出 版 说 明

产教融合、校企合作是职业教育的基本规律，但高职院校传统的营销、管理类专业一方面没有行业背景，面向各行各业基于学科体系培养"万金油"；另一方面与中职相关专业人才培养定位没有明显区别，培养"店员"之类的低端人才。广州番禺职业技术学院率先实施专业教学改革，全面升级人才培养目标、人才培养模式、校企合作与校校合作模式以及二级学院办学模式，现已取得显著成效，希望通过出版"百果园职业教育联盟现代学徒制职业店长培养系列教材"总结改革经验，共享改革成果，更好地服务学生、服务教师、服务企业，进而服务中国经济和社会发展。我们为实施现代学徒制培养职业店长主要做了以下探索：

1. 围绕现代零售业，适应产业升级与专业发展，确立职业店长人才培养目标

将高职院校传统营销、管理类专业人才培养目标转型升级为培养零售行业的"职业店长"。考虑高职学生的能力和经验，门店定位于单店面积 200 平方米左右、营业额在 1 000 万元/年左右的连锁零售门店。

2. 校企合作从订单班转型升级为现代学徒制，实现店长培养与企业的零对接

现代学徒制是最符合职业教育教学规律的育人模式，而订单班等其他人才培养模式，无论课程设置与组织再体现职业岗位工作过程、教学设备与环境再怎么先进仿真、师资队伍再怎么有企业经验，都与企业真实岗位工作有一定距离，都无法实现真正的"零对接"。

3. 与百果园公司校企合作成立双主体办学的百果园学院，升级二级学院办学模式

百果园公司目前有 1 500 余家专卖店，计划到 2020 年开店 5 000 家，到 2030 年开店 10 000 家，力争成为世界果业第一品牌。企业的发展规模、发展速度以及优秀的企业文化、完善的员工生涯规划与成才培训体系为高职院校相关专业的发展提供了稳定、可靠的"职业店长"学徒岗位。

4. 创新职业店长核心课程，实现"高等性""职业性"和"教育性"的有机融合

针对高职院校人才培养在"高等性""职业性"和"教育性"出现的"夹生饭""两张皮"现象，校企合作开发了《现代学徒制框架下零售店长培养模式研究与实践》《岗前辅导——店长从这里起步》《销售型店长》《管理型店长》《经营型店长》《职业

店长成长手册》等教材，在人才培养目标、培养内容、培养方式、师资配备等方面高度协同，最终实现"高等性""职业性"和"教育性"的有机融合。

5. 成立职教联盟，研制专业教学标准，校企合作、校校合作联手培养职业店长，凸显集群化、连锁化办学效应

由广州番禺职业技术学院与深圳百果园实业发展有限公司牵头，联合行业协会及中高本等学校共同发起成立百果园职教联盟。人才培养定位是中职培养店员，高职培养店长，本科培养经理。联盟以现代学徒制"职业店长"培养为抓手，通过专业教学标准的研制、共同组建科研团队、教师的培训与交流、教学资源的建设与共享、现代学徒制招生的联合申报等方式初步形成了互利共生机制，突显集群化与连锁化办学效应。

6. 拟将百果园学院升级为职业店长学院，将百果园职教联盟升级为店长职业教育集团，服务整个零售行业

广州番禺职业技术学院是教育部批准的 100 所高职院校现代学徒制试点单位，是广东省教育厅批准的现代学徒制市场营销专业教学标准的研制单位。经过几年的探索，目前条件已经成熟，正在准备将百果园学院升级为职业店长学院，将百果园职教联盟升级为店长职业教育集团，服务整个零售行业，进而服务更多的学生和企业。

通过上述 6 个方面的探索，在人才培养目标的升级、现代学徒制的人才培养模式与办学模式的实践以及专业核心课程的开发与建设等方面取得了较为显著的成效。现组织编写《现代学徒制框架下零售店长培养模式研究与实践》《岗前辅导——店长从这里起步》《销售型店长》《管理型店长》《经营型店长》《职业店长成长手册》等教材，为百果园职教联盟及其他相关院校实施现代学徒制及培养职业店长提供借鉴和参考。

此系列教材由校企双方具有丰富零售行业实践经验和一线教学与研究经验的人员共同组成"双师"结构的编委会编写，使教材充分体现现代职业教育的特点，紧密配合教学目标、教学内容、教学组织和教学方式，使其成为帮助教师和学生共同实现"职业店长"人才培养目标的重要支撑。在教学目标上基于素质与能力并举，体现立德树人为先；在教学内容上基于工作岗位和工作任务，体现工作职业化的特点；在教学组织上基于现代学徒制或订单班的人才培养模式，体现"工学结合、工学交替"；在教学方式上基于翻转课堂等教学理念，体现以学生为中心。

该系列教材是国内首套基于现代学徒制培养职业店长的系列教材，编写过程中广东省教育厅、广东省教育研究院等有关领导与专家给予了大力支持，深圳百果园实业发展有限公司给予了鼎力配合，百果园职教联盟各成员单位给予了热情帮助，在此特别致以衷心的感谢！

阚雅玲

2016 年 5 月 1 日

目录

1 引言

我们几乎每天都要同零售店长接触，在很大程度上，我们生活的品质以及我们每天的心情都要跟零售店长发生关系。

但是这个职业的社会生态环境谈不上乐观。很多人对零售店长这个职业不理解，甚至有偏见，所谓的标准、规则和组织对这样一个庞大的群体居然是尚未深入探讨的题目。

所以，如果仅仅试图在微观层面建立一种零售店长培养模式，那是徒劳的。最需要改变的是社会生态环境，是文化、规则、标准、服务和组织化程度。

高职院校是引导国家职业社会生态系统健康发展的重要力量。所以，我们要从更具有社会责任感的角度去思考如何建构零售店长的职业文化和职业保障体系，这是零售连锁业迎接变革的需要，同时也是高职院校发展的内在要求。

如果高职院校将现代学徒制学生视同于一般学生，那是高职院校在战略定位上的失败，也是对国家教育资源的浪费。现代学徒制的学生是职业人才的优秀种苗，是学校未来的战略伙伴，是职业文化的传播者。所以，现代学徒制框架下零售店长培养的第一目标虽然是就业，但首要目标是文化塑造与传播，这是人才培养模式改革应当遵循的基本理念。

1.1 写作背景与初衷

培养零售店长人才具有重要意义。2002 年连锁零售百强企业销售额是 2 465 亿元，2014 年达到 20 964 亿元；2002 年连锁零售百强企业有门店 16 986 间，2014 年达到 107 366 间。2014 年度广东连锁五十强企业全年销售规模 4 112 亿元，占全省社会消费品零售总额的 14.4%，门店总数 73 552 间。这些简单的数字背后是社会发展对零售店长人才的庞大需求，仅此一点就足以引起职业教育机构的关注。

培养零售店长人才需要职业教育承担更多的社会责任。在经济增长放缓和电子商务冲击的背景下，实体零售业延续低增长态势，O2O（Online to Online）全渠道整合营销，正成为越来越多传统零售企业走出困境、转型变革的方向，线上线下融合发展模式已成趋势。商务部监测数据显示，2014 年 1—12 月 5 000 家重点零售企业销售额增长 6.3%，较 2013 年回落 2.6 个百分点；专业店、超市和百货店分别增长 5.8%、5.5% 和 4.1%，比 2013 年回落 1.7、2.8 和 6.2 个百分点；购物中心虽增长 7.7%，但也比 2013 年放缓 4.5 个百分点。但 5 000 家重点零售企业的网络零售额增长 33.2%，比 2013 年加快 1.3 个百分点。移动互联网的迅猛发展，传统零售业态升级改造已经成为必然趋势，体验式消费、个性化定制、大数据应用将成为传统零售业新的经营利器，新技术与传统商业的结合将促进新业态的产生。2015 年，国务院印发《国务院办公厅关于推进线上线下互动加快商贸流通创新发展转型升级的意见》（国办发〔2015〕72 号），提出大力发展线上线下互动，推动实体店转型，促进商业模式创新。而人才是迎接经济转型和技术变革的根本力量。职业教育界需要与企业界一起培养适应未来零售业发展的店长人才。

现代学徒制为在新形势下培养零售店长人才创造了平台。学徒制是一种关于文化、习俗、技术技能、规范等的内容传承机制，同时也是一种人才选拔与供给机制。在历史上，跟随师傅的人以及最后能继承师傅技艺或家业的人都是要经过多年的磨炼，也有了"师徒如父子"的说法。在培养精英人才方面，学徒制具有其他教育形式所不具备的优势。学徒制在手工业、商业、教育等领域都曾有着长期的历史实践，虽然现在仍然可以看到类似的形式，但至少在教育领域，传统的学徒制已经难以适应大众化教育发展的需要。现代学徒制借助制度与技术的革新赋予学徒制以新的生机，使其能适应在更大范围内进行推广应用的社会需要。零售店长是商界的精英人才，历史上对此类人才的培养主要是以师傅带徒弟的形式为主。在现代商业环境下，传统的师傅带徒弟的方式已经难以满足企业的发展需要，尤其是对于需要大量店长人才的零售连锁企业，因此，建立零售店长人才培养体系就成为决定企业能否继续开店的重要因素之一。零售企业与职业院校一起培养店长人才经历了多年探索，深圳职业技术学院、浙江商业职业技术学院、江苏经贸职业技术学院、广州番禺职业技术学院等院校均进行了积极探索，为在现代学徒制框架下进一步探索零售店长人才培养的新模式提供了研究与实践基础。

商科类专业学生就业面广，也因此有"万金油"的称谓，在职业教育领域，这个称谓无疑给商科类专业教师和管理者带来巨大压力，因为它意味着专业缺少行业背景，意味着背离职业教育规律，有些职业院校甚至不再开设工商企业管理专业。

经过了多年求索，广州番禺职业技术学院管理学院确定将零售店长作为管理学院的人才培养总体目标，通过与深圳市百果园实业发展有限公司（以下简称"深圳百果园公司"）联合开展零售店长的现代学徒制培养，取得了阶段性成果，为管理学院"重归"职业教育的怀抱找到了路径，其欣喜之情可想而知。我们希望借助写作的过程厘清现代学徒制框架下开展零售店长人才职业教育工作的思路、方法、策略与路径，明确校企协同培养零售业职业人才的工作方向。

1.2　视角与内容

现代学徒制框架下的教学过程并不复杂。难点在于如何在社会责任目标指引下，明确高职院校在现代学徒制人才培养模式改革中的角色定位与行动方向，并据此安排具体的教学过程，这是本书写作的基本视角。

因此，本书内容侧重两个方面，一是具体的教学操作实践，二是高职院校的战略定位。

①第 2 章关于学徒制发展的回顾、第 3 章关于零售店长社会生态状况的描述与第 7 章关于零售店长职业教育联合体的反思，是围绕高职院校在现代学徒制零售店

长培养中的战略定位问题展开的。

②第 4 章对当前高职院校零售店长培养模式的类型及代表院校做了概略性的描述。第 5 章概要描述了英国零售学徒制的框架标准（Apprenticeship Framework）。

③关于现代学徒制框架下零售店长培养目标的教学实现模式，包括课程建设、招生、学生管理等具体问题，将在本书的第 6 章通过介绍百果园学院的实践进行介绍。

描述与反思是本书内容的基本成分，相关内容距离严谨的学术研究尚有较大差距。为便于专业教师参考，百果园学院教学实践的相关表格、文件等安排在正文，并没有以附录的形式置于书后。

1.3　行动理念

2010 年加入职业教育阵线，对于习惯了传统大学工作思路的人而言，职业教育对我是一个极大的挑战，因为方向、重点及方式方法同原来服务的学校有非常大的差异。幸运的是管理学院是一个重视学习、善于反思的团队，阚雅玲院长的每一次会议都是一次培训、一次研讨、一个反思的机会。2013 年我们开始开展校企合作工作，要面对更多校企合作的具体问题。如何开展校企合作？在校企合作中如何体现教育的存在价值？高职院校在职业教育体系内究竟处于什么位置？对此类的集体研讨形成了指导我们推进校企合作工作的行动理念，也是我们应对现代学徒制框架下零售店长人才培养相关问题的指导原则。

①长期以来，高职院校名义上是职业教育的重要力量，实际上则是游离于职业教育生态体系之外，未来，高职院校需要建立自己在职业教育生态系统中的位置，从简单的存在转变为深度融入。

②要从社会责任的角度定位高职院校在校企合作中的位置。

③改变被动适应行业发展的模式，采取更为主动的发展型适应模式。

④院校不应当仅仅是资源的消耗者，而应当想办法将资源转变为资本。

⑤学生不是管理的对象，而是伙伴，是终身的伙伴。

1. 建立生态位：从存在到融入

标题突出了对存在感的关注，是不是意味着目前的高职院校没有存在感呢？在回答这个问题之前，此处先借用生态位理论对高职院校的生存状况做简单地分析。

俄罗斯学者格乌司将一种叫双小核的草履虫和一种叫大草履虫的生物，分别放在两个相同浓度的细菌培养基中，几天后，这两种生物的种群数量都呈 S 形曲线增长。然后，他又把它们放入同一环境中培养，并控制一定的食物。若干天后，双小核草履虫仍自由地活着，而大草履虫却已消逝得无影无踪。经过观察，并没有发现两种草覆虫互相攻击的现象，两种草覆虫也没有分泌有害物质。只是双小核草履虫在与大草履虫竞争同一食物时增长比较快，大草履虫被赶出了培养基。接着，格乌司又做了相反的一组试验，他把大草履虫与另一种袋状草履虫放在同一环境中进行培养，结果两者都能存活下来，并且达到一个稳定的平衡水平。这两种草履虫虽然竞争同一食物，但袋状草履虫占用的是不被大草履虫所需要的那一部分食物。

这个试验表明，在生态系统中，每一个物种都拥有自己的角色和地位，即占据一定的空间，发挥一定的功能，也就是生态位（niche），它是传统生态学中用于研究物种间竞争关系的一个基本概念。

宽度、重叠度和密度是描述生态位状况的三个指标。宽度是指一个物种所能利用的资源总和，反映该物种的竞争力，宽度越大表明该物种可以利用的资源越多、竞争力越强；重叠度是反映对相同资源共同利用程度的指标，揭示在特定资源环境中物种间竞争的激烈程度，重叠度越高表明相互之间的竞争越激烈；密度则是反映环境中物种数量的指标，可以反映竞争强度，特定环境中同类物种越多，竞争强度越大。

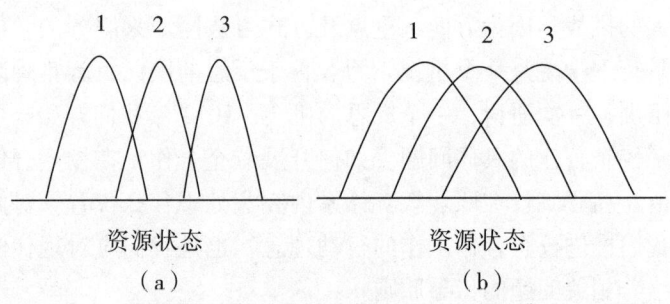

图 1-1　高职院校生态位状况示意图

在职业教育生态环境中，高职院校可以利用的核心资源是学生，有学生就会有经费，就会有继续发展的条件。从高职院校生源构成分析，中职生与普通高中毕业生占绝大部分比重，在职人员并非是高职院校生源的主要构成部分。所以高职院校的生态位是高度重叠的，类似于图 1-1（a）中所描述的情况。

在资源供给充分的条件下，也就是说生源有保障，高重叠的生态位结构并不会影响高职院校的生存。但现实是残酷的，高职院校正面临严峻的生源供给不足的压力。一方面是绝对生源在缩减，另一方面则是应用型本科院校、社会职业教育培训机构、企业大学等对生源的竞争。这就造成高职院校在职业教育生态系统中的生态位宽度变小，"存在"已经成为一个重要的问题。

更为严重的是高职院校的"存在"是缺少存在感的。存在，但是缺少存在感，这是一种什么状况呢？简单地解释就是，目前的高职院校并未与职业教育生态系统形成有机联系，而是被安放在体系之内，好比一个伪装成树木的电线杆，它的确存在，但与周围的主体缺少有机互动，是被动的存在而已。南京大学创业学院黎怡杭院长曾经对有利于生产的生态和有利于创新的生态进行比较（见表 1-1）。高职院校原来处于有利生产的教育生态之中，按照行政指令形成了一套以执行为主的教育生产体系。在新的生态环境下，高职院校要解决创新发展的问题，就需要有独立自主的生存能力。

表1-1 两种不同的生态环境

有利于生产的生态环境	有利于创新的生态环境
单一	多元
量产化	个性化
封闭、排它	开放、容忍
品质	尝试
可靠性	随机性
自我	共生

所以，高职院校需要在新的生态环境下，在一个多元共生的体系内找到自己的生态位，建立自己的存在感。目前，高职院校的生态位是基于公办体制的垄断性得来的，未来则要思考如何通过自主发展能力明晰生态位的边界，增加生态位的宽度。譬如，当职业教育向前延伸至中小学的情况下，高职院校应该做什么？当企业大学可以开发出成千上万个优质岗位培训微课程的时候，高职院校的微课程需要如何建设？当学生将大学仅仅视为一段人生经历而不再是为了获取谋生技能的时候，高职院校的学生管理该如何进行？……

2. 明确社会责任：长其善救其失

在校企联合办学过程中，学校一方如何定位自身的角色关乎校企合作的未来，甚至关乎学校的未来，不正确的定位可能让教师疲于奔命，让学校丧失存在的价值，让学生成为受害者。长期以来，因为校企合作中学校定位不当，职业教育招致多方非议。在笔者负责部门的校企合作工作中，曾亲身感受到一些企业人士对职业院校的"轻视"。也正是这些颇有刺激性的反应引发我们去思考该如何理解校企合作，如何定位校企合作，如何让职业教育更有尊严。

如何提升教师工作的附加值是我们一直努力的方向。对于高职院校的教师而言，无论是科学研究还是社会服务都需要他们深入企业，这是提升教师工作价值内涵的基本条件。笔者所在的学校为教师到企业挂职锻炼创造了良好条件。每年学校会组织对下企业锻炼的教师进行考核。2016年上半年去深圳百果园公司锻炼的几位教师在汇报中都提到企业大学开发的培训课程，特别是线上学习系统，有的企业大学线上平台有近万个微课，一听这数量就够吓人的，如果看过效果，可能大多数教师都会有一种想说什么又说不出来的感觉。总之，一句话：企业的职业培训做得这么好，职业院校怎么办？我这个教师该怎么做？类似事件在不断提示我们要深入思考如何去定位校企合作。

人无远虑，必有近忧，能感受到压力总是好事情。由于中国的大多数企业还是缺少完善的培训体系，能有企业大学的毕竟是少数。所以，职业院校还是有时间反思和调整的。

活下去总是有办法，但教育不能满足只是活下去，我们是要跟学生一起活得更好，不只是要吃面包，而是要感觉到面包的香甜。所以我们不得不正视眼前的挑战。

对于职业教育领域而言，企业界才是职业教育的真正领地，院校不过是缓冲区，是特定历史条件下设立的教育形态。其实早就有人呼吁，现代的职业教育应该将主动权交还给企业，现实也是按照这个方向在发展，只不过是碍于面子的读书人和部分在位者不愿意承认罢了。如此看来是不是太残忍，难道要让职业院校关门？难道要剥夺这部分青年人进入校园的机会吗？进入学术性大学的名额毕竟有限啊！并非如此，应当明确的是将可以在企业界做得更好的部分还回去，将企业界不能或不愿意干的留给学校。也就是说，职业院校要有"补位"意识。为什么要"补位"呢？道理很简单，所有的教育就是要"补位"。天之道，损有余而补不足，教育就是履行天道的部门，损人的事情不能干，补不足则是分内之事。《礼记》中早就明确了什么是"教"，就是长善救失。对个人要长善救失，从教育整体发展来看也是要长社会之善、救社会之失。

图1-2的漫画强调"大学生质量问题是就业难的主要因素"，这恐怕是时下颇为流行的看法，尤其是企业界更是不断发出大学毕业生不好用的"慨叹"。有两个问题或许被忽视了，那就是企业界的大学生质量观是否有问题呢？如果以企业的人才观去培养大学生、指导学校的教学工作，结果会怎样？也就是说，作为高职院校需要清楚"长其善救其失"中的善与失应该依据什么标准去衡量。

图1-2 就业难

高职院校不仅仅要坚持职业性，从更高层次的社会责任视角去审视高职院校的存在意义，高等性和教育性同样不可或缺，即高职院校要坚持职业性、高等性和教育性的统一（见图1-3）。高职院校处在多方力量的作用之下，同样也在影响其他社会单元的存在与发展。职业性体现了对社会的适应，体现了对学习者获取生存技能的尊重；高等性则是指高职院校职业性的层次定位，应在教育分工体系中履行引领职业技术技能发展的责任；教育性是高职院校区别于一般培训机构的独特属性，表明其所应具有的调适社会发展的责任，也是其文化传承功能的集中体现。

企业界的职业教育有长处，也有需要"救"的短处，这就需要"补位"。比如：中小企业往往没有能力建立健全的职业训练体系；企业的培训往往强调应用性，但对于需要长期塑造的人的综合素养则不愿意投入；企业关注在岗的员工，而人的学习是终身的，终身职业教育训练需要社会的介入；对职业教育具有重大影响的基础性研究、技术开发、科学研究等是企业不愿意过多涉足的……

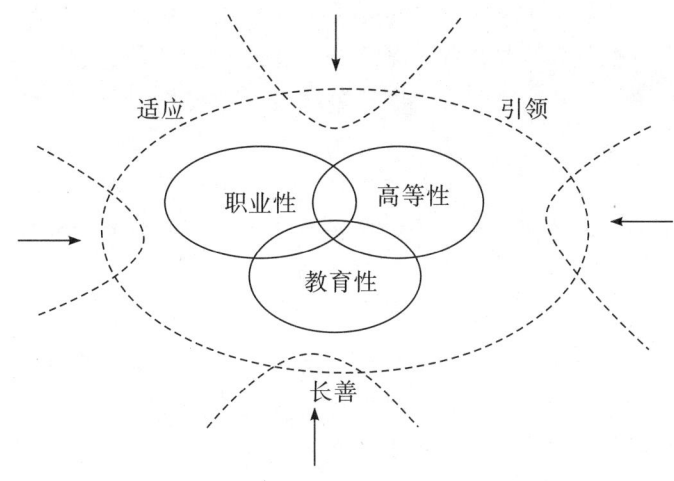

图1-3　高职院校的职业性、高等性与教育性的统一

在一个开放的教育生态环境中，职业院校，特别是具有一定实力的职业院校，就是要在借助企业界职业教育资源的基础上，进一步补上这些"空位"，这是职业院校应该具有的社会担当，也是明智之举。可怕的是投机取巧，自己偷懒，直接将企业的东西拿过来用，学校成了人才介绍所，教师成了秘书。在行市好的时候，这种策略也是可以保住饭碗的，但终究不是个过好日子的办法。

打篮球的人都知道，补位很重要，没有什么秘诀，就是要主动、机警。不过对于习惯了行政作风的职业院校而言，这基本的要求恰好是最难的。而这正是校企合作的意义所在，因为外部力量的介入，为习惯于依靠行政庇护的教学体系带来改变的机会和条件。

3.　转变治理结构：从生存型适应到发展型适应

社会适应性是高等职业院校生命力与人才培养质量的集中体现，作为从根本上规定人才特征及其实现方式的人才培养模式则是决定高等职业院校是否具有社会适应性的核心因素。职业院校人才培养模式的社会适应性表现如何？这里先介绍四个引发笔者思考的生活片段。

片段一：飞机起飞之前，机上的乘务人员都会向乘客讲解安全要求，我从来没认真听过，虽然知道重要，但感觉他们的讲解很乏味，周围的人似乎也都没有认真听。有一次乘坐某航空公司的航班，除了乘务人员的讲解外，乘客面前的小电视中播放了一段关于安全问题的视频，类似于动画片，生动而有趣地演示了乘客应当了解的知识和需要掌握的技术动作。我留意到周围很多乘客都面带笑容地在观看。技术进步改变了人们接受知识的习惯，知识传播的方式对学习效果的影响越来越突出。现在的在校大学生基本都是"95"后出生的，现在的企业中层及一线工作人员基本上是"80"后和"90"后，而学校教育工作者基本上是以"70"后和"60"后的为主。两类群体对技术进步的反应是不同的，学习习惯也有明显差异。在学生眼中，教师们真的是非"老"即"土"，作为主要合作对象的企业则会一再感叹学校社会服务的呆板。职业院校人才培养模式是否能随着技术进步适应性地调整呢？

片段二：在一次座谈会上，来自企业的代表对学校是否应当开展创业教育存在截然不同的两种态度。一种是否定，认为创业教育增加了雇员的不稳定性，增加了企业成本；一种是肯定，认为创业教育提供了更有激情和创新创业能力的员工，为企业发展带来新的机会。两类观点孰对孰错暂且不论，需要关注的是持有不同观点的企业在商业模式上的差异。持有肯定观点的企业，其商业模式更具有新经济的特征，持有否定观点的企业则偏于传统的经营管理方式。在商业模式正在发生颠覆式变革的时代背景下，企业在人力资源管理方面有对应的改变，职业院校人才培养模式是否能随着商业模式的转变进行适应性的调整呢？

片段三：有一次组织学生去一家生产食用油的企业参观，整个场区全然没有传统工厂的热闹，生产线在玻璃幕墙之后静静地工作，工作人员在控制室观察参数的变化。国内几个主要经济区正在步入后工业经济时代，人、技术、设备、资本等生产要素之间的关系以及人与人之间的关系在后工业时代的表现都会展现出新的特征。然而，职业教育体系诞生于传统的工业大生产时代，无论是专业的设置还是教学管理同后工业时代发展的要求都存在一定差距，职业院校人才培养模式是否能伴随后工业化进程进行适应性的调整呢？

片段四：邻居家里有一个读初中的小女孩，她们学校每个学期都会组织一些活动，比如商业模拟、产品设计等。有相当一部分中小学都开设有类似的教学项目，而且这不是个别学校的行为，是教育领域的一个重要导向。原来的职业教育仅限于职业院校，如今的职业教育则远远超越职业院校自身的边界，向前延伸到中小学，向后延伸到工作之后的再教育。职业院校人才培养模式是否能因终身职业教育理念进行适应性的调整呢？

对职业院校社会适应性问题的关注由来已久，而且学界普遍认为适应性的内涵应当随着时代的发展而发展。高等职业教育适应性的内涵体现为被动性与能动性的统一，可以从适应对象、发展时间和发展阶段等维度进行理解。以此维度审视当前我国高等职业教育的适应性，发现它是一种适应社会、适应现实的生存型适应，体现出过度的工具主义取向。高等职业教育适应性的取向应趋向于发展型适应，即应受到选择性、主动性和适切性等应然特征的规约（张成涛，2011）。问题的关键是如何培育适应性发展的内在机制。反馈机制是人类社会内部科技、经济、社会和环境运动中普遍存在的调控机制（魏宏森、姜炜，1996），是系统自我调适的基本方式，对一个系统的适应性具有决定性影响。是否能建立健全反馈机制则决定着职业院校能否由生存型适应阶段过渡到发展型适应阶段。

反馈是指：施控系统的输出作为被控系统的输入，作用于被控系统（被控对象）后产生的结果（即输出）再送回来，并对系统的下一时刻的再输入和输出发生影响的过程。如图1-4所示，反馈控制系统是闭环控制系统，大致由控制环节、执行环节、反馈环节和比较环节组成。在反馈控制系统中存在两种反馈形式，即正反馈和负反馈，正反馈发挥增强输入信号的的作用，负反馈发挥减弱输入信号的作用。正反馈不能进行控制，只有负反馈控制系统才能完成自动控制的任务，也就是说，系统的适应性主要取决于负反馈机制的作用。

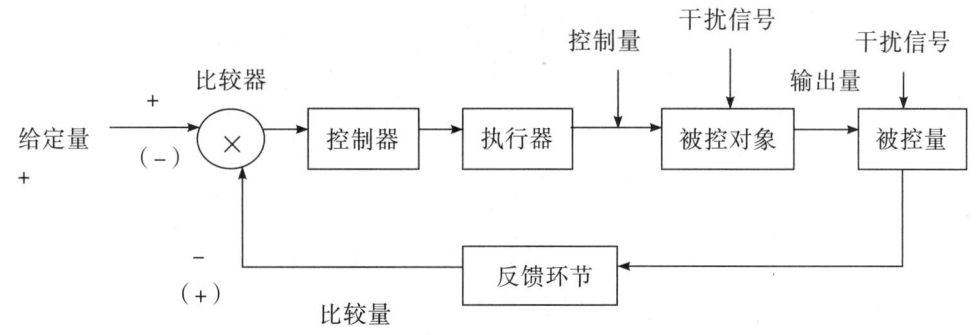

图 1-4　反馈控制系统图示

就职业院校人才培养模式而言，给定量、控制器、执行器等概念的具体内容分别是指：

①给定量：人才需求。

②控制器：学校决策机构。

③执行器：学校人才培养各环节的职能部门与一线教学单位。

④被控对象：人才培养模式。

⑤被控量：人才培养实际质量。

人才培养模式反馈控制系统的参与者包括以政府主管部门为代表的政策制定者（P）、以学校高层领导为代表的决策者（D）、以职能部门为代表的行政管理者（M）、以系部教学单位为代表的具体操作者（T）、以学生为代表的学习者（S）、以用人单位为代表的社会协作机构（C）。它们之间的反馈回路包括两部分，如图 1-5 所示。一部分是大循环反馈回路（图 1-5 用虚线表示），一部分是单反馈回路，大循环反馈回路揭示了人才培养活动中各参与方的总体反馈机制。单循环反馈回路包括 5 条单反馈回路：①T—D；②T—M；③T—P；④T—S；⑤T—C。因为国内职业院校各专业的人才培养模式基本是由各专业所在系部（或分院）负责操作的，所以"T"是各种反馈回路的中心点。

综合分析反馈行为的生成动因、参与主体、传播方向、影响效果、内容等因素，当前职业院校人才培养模式反馈机制特点如下。

（1）行政性。

行政性特征源于三方面的影响，一是以财政投入为主导的学校的投资体制，二是人力资源供不应求的总体结构，三是以行政职能部门为中心的组织结构体系。在此背景下，职业院校在总体上缺少内生性的同社会需求进行互动的动力，从而形成行政引领下的反馈机制。对院校教学水平评估如此，院校内部的教学督导、专业教

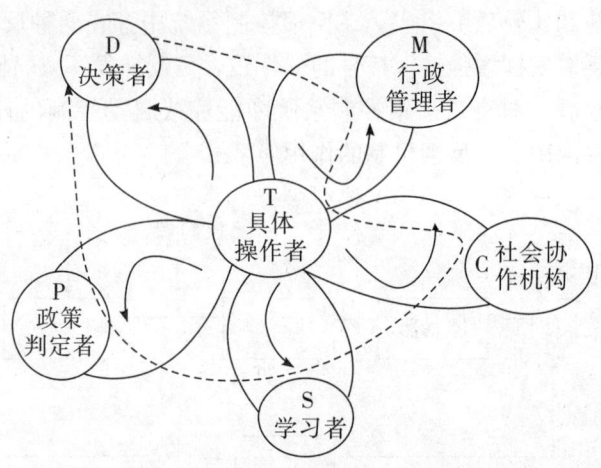

图 1-5　人才培养模式反馈回路

学指导委员会、学生座谈会等主要反馈形式也是基本遵循行政指令开展相关工作的。

（2）封闭性。

在一项关于教学改革主体性参与结构的研究中，采用利益相关者权力/利益矩阵对教学改革主体性参与结构进行分析，形成两个判断：一是参与主体以教育服务供给方为主，需求方参与不足；二是各方关注点集中在教学改革的中间过程，决策起点与决策终点被忽视。如图 1-5 所示，除了行政管理者和教师之外，其他利益相关者缺少反馈的意愿和途径，人才培养模式系统便难以获得负反馈，而负反馈恰恰是系统形成自我调适能力的基本保障机制。在此结构下，人才培养模式接受更多的是正反馈，也就是说系统自身只会自我强化，以至于陷入自我编织的路径锁定。

（3）单向性。

1998 年，教育部下发的《关于深化教学改革，培养适应 21 世纪需要的高质量人才的意见》指出"人才培养模式是学校为学生构建的知识、能力、素质结构，以及实现这种结构的方式，它从根本上规定了人才特征并集中地体现了教育思想和教育观念"。可见，人才培养模式是以人才培养为核心的教育教学组织模式，但绝不仅仅是指教学过程本身。但是当前职业院校人才培养模式的各类反馈行为主要指向以课程教学为中心的教学过程（见图 1-5），同与教学过程密切相关的科研、社会服务及文化传播等方面联系薄弱。

（4）滞后性。

职业院校的专业是与特定岗位群密切联系在一起的，需要因岗位人才需求的变化进行适应性调整。作为系统输入量的人才需求受到技术进步、商业模式、产业结构等因素的影响处于不断变化之中，并对职业院校的人才培养模式提出新的要求。所以，职业教育客观上一定会滞后于外部环境的变化，或者说具有一定的时滞性。对国内职业院校而言，在行政体制为主导的人才培养模式之下，这种滞后性被进一步放大。

（5）孤立性。

如图 1 - 4 所示，反馈控制系统中，一次信息流动的起点和终点是决定系统能否实现闭合循环的关键，输入量能否根据反馈情况进行适当调整则决定了被控量在本次循环中的具体值。但信息反馈自身并不能带来改变，信息反馈只有同其他资源要素反馈复合在一起，反馈机制才能发挥效果。因为封闭性特征的存在，造成反馈信息形成之后不能有效传达到或改变系统输入，也就是人才培养方案的决策环节，在决策没有根据反馈进行调整的情况下，资金、技术、设备、人力资源等相关资源要素的流动就依然按照原有的标准继续运行。

综合上述对人才培养模式反馈控制的分析，有四方面的约束决定现有的诸多尝试难以满足发展型适应的要求。

（1）行政化的组织体系。

在行政化的组织体系中，人才培养模式的相关活动被拆解为不同的单元并分散给相关部门去完成。行政体系特有的规范性与部门间的阻隔性严重限制了信息的自由流动，反馈信息对决策环节的影响需要经历漫长的、程序化的环节，从而严重制约了反馈机制效果的发挥。更为严重的问题是，在行政化的组织体系中，行政指令及行政者自身的意愿左右着系统运行，用图 1 - 5 进行解释，系统的输入量与比较量都是由行政力量控制的，所谓的反馈只不过是一种参考而已，难以对决策形成影响。

（2）学科化的专业结构。

职业院校在总体上仍然沿袭以学科设置专业的逻辑，致使人才需求与人才培养之间难以形成统一的交流语境。而西方国家专业的划分只是对高等学校专业人才培养结果的一种统计归纳；专业的划分对所培养的具体人才的知识能力结构几乎没有影响；专业的设置往往取决于社会的需要与可开设课程科目的均衡。只要学校能开出必需的课程组合，而且社会有这方面的需要，就可以设置新的专业，专业设置有很大的灵活性；专业之间的界限也比较模糊，学生变更专业相当自由。而在我国和苏联，专业划分发挥着一种很强的管理上的规范功能，规范着高等学校的专门人才培养的口径和领域，因而也直接关系到所培养人才的知识能力结构，专业的设置往往要围绕规定的学科专业划分口径进行，当市场需求发生变化时，需要对整个学科专业进行调整，具有相当难度，专业界限也泾渭分明，学生变更专业较为困难（刘海燕等，2007）。

（3）消耗型的资源使用方式。

对教育资源的利用大致有两种模式，一种是消耗型的模式，一种是发展型的模式。消耗型的模式以行政力量为主导，教育资源投入及运营处于相对封闭的财政预算体系之内，重投入而轻产出。发展型的模式以教育供求联盟为主导，教育资源投入及运营融入社会资本体系之内，在重视资源投入的同时，关注教育资源的资本化。发展型的教育资源利用模式因其能在教育供求各方之间形成良性的利益交互机制，能够为教育发展创造可持续的资源供给保障，已经成为现代教育发展的必然选择。

诞生于计划经济体制下的教育资源配给模式并没有顺应社会发展及时调整，政府负责拨款，学校负责花钱，资金管理严格执行政府财政预算管理的套路，教育资源的运行被禁锢于行政框架下的封闭体系。在如此自成逻辑的封闭结构之下，社会资源难以进入，学校资源难以流出，进而造成各方都缺乏发展的积极性。

（4）单向性的人才培养标准。

德国劳动力市场与职业研究所所长梅尔腾斯（Mertens）在1972年向欧盟提交的报告《职业适应性研究概览》中首先提出关键能力的概念，1974年他又在《关键能力——现代社会的教育使命》一文中对关键能力做了系统论述，提出了职业教育应该培养受教育者三方面的能力：以具体的知识和技能为代表的通用能力，内容包括普适性的知识和技能、超前性的知识和技能、长效性的知识和技能；以形式的能力为代表的自立能力，内容包括独立行动、应用性思维和行动、自学行动；以行为方式为代表的个性能力，内容包括个人行为方式、社会行为方式、工作行为方式、责任行为方式。关键能力这一概念提出之后，受到了世界各国的普遍重视。许多国家不但将其作为职业教育改革的重要思想，而且对其内容和标准做出了具体的规定。例如，美国劳工部在《关于2000年的报告》中指出，未来的劳动者应具备五种关键能力：一是分配时间、制定目标和突出重点目标的能力，以及分配经费和准备预算的能力；二是确定所需要的数据并设法获得数据、处理和保存数据的能力；三是作为小组成员参与活动以及与他人交流的能力；四是了解社会、组织和技术系统是如何运行的，并懂得如何操纵它们的能力；五是选择技术的能力以及在工作中运用技术的能力。因此，从人的可持续发展的观点看，职业能力开发不仅要使接受其训练的个体掌握从事某种职业活动的本领，而且要重视对个体生命的独立、自主和强大的人格力量的锻造，赋予个体可持续发展的精神和能力，以提升其生命质量和人生境界。国内高职院校人才培养模式一直以来以职业技能培养为建构依据，这种单向性的导向同发展型适应的要求存在严重冲突。

发展型适应阶段的高等职业教育处于相对成熟的状态，其价值定位超越单纯的工具主义取向，不再将满足社会需要作为存在的唯一目标，而是在很大程度上恢复并提高人的地位，恢复人的个性发展并为其提供选择的自由，它通过激活内部的活力提升发展的动力，使发展的动力置于内部和外部相结合的基点上（张成涛，2011）。关于如何完善人才培养模式反馈机制的问题，实践操作层面与理论研究层面的选择是一致的，即倾向于通过外部利益相关者的介入提升反馈体系的社会化与交互性程度（徐秀英等，2008；谢安帮，2011；王辉等，2011）。因为反馈机制是依存于特定控制体系而存在的，反馈机制演化的进程受系统自身结构与机制的影响。这是校企合作对高职院校发展意义的真正所在。

4. 转变资源观：从资源消耗转向资本升值

由教师、学生、用人单位等利益相关者结成的网络形成了教学改革存在的特定情境，这些群体的需求是否得到满足以及实现的程度既是评价改革效率与效果的核心维度，同时也是教学改革机制的决定性因素。每一个群体对教学改革有特定的角色立场、价值标准与行为风格，教学改革的规则是相关群体交互影响生成的结果，不同的结构带来不同的规则，不同规则对应不同的教学改革形态。

利益相关者理论是传统公司治理理论的发展，引导人们从更宽的视角去考察公司究竟为谁而存在的问题，其理论和方法对认识公司治理以外的问题同样具有重要意义。权力/利益矩阵是研究利益相关者结构的一种方法，这种方法根据利益相关者与其持有权力大小的关系，以及从何种程度上表现出对战略选择的兴趣，对利益相关者进行分类。笔者采用专家意见法对教学改革中涉及的教师、学生、用人单位、学校行政管理者、政府机构、学生家长、社区等利益相关者所持有的权力和关注的利益进行区分，得到结果如表1-2所示。根据表1-2绘制的利益相关者权力—利益定点图，如图1-6所示。为进一步了解不同阶段主要利益相关者对项目的影响作用及互动关系，将教学改革不同阶段与利益相关者的参与进行匹配，得到图1-7。

表1-2　教学改革利益相关者权力—利益评价结果

利益相关者	权　力		利　益	
	程度	具体表现	程度	具体表现
学生（A）	较低	反馈信息，教学效果评价	较低	新的学习机会和资源
用人单位（B）	很低	反馈信息	很低	更合适的人力资源，介入教育教学的机会
教师（C）	较高	影响改革的方向和内容，咨询建议，参与组织与实施，教改效果评价	较高	发展机会，收入，社会认可，职业能力提升
政府主管机构（D）	很高	规划，制定标准，资源分配，组织实施，评估	很高	政策贯彻执行，社会影响，教育教学发展态势
学校行政管理者（E）	很高	计划，资源分配，组织实施，评估	很高	政策落实，社会声誉，就业质量，持续发展能力
家长（F）	很低	反馈信息	较高	教学质量，学生发展机会
社区（G）	很低	反馈信息	很低	合作机会，资源共享

从图1-6可以看出，教师（C）、政府主管机构（D）和学校行政管理者（E）处于高位，即在教学改革中拥有的权力和利益更大，学生（A）和家长（F）处于中间位置，用人单位（B）和社区（G）则处于低位，即在教学改革中没有多少权力和利益关注。

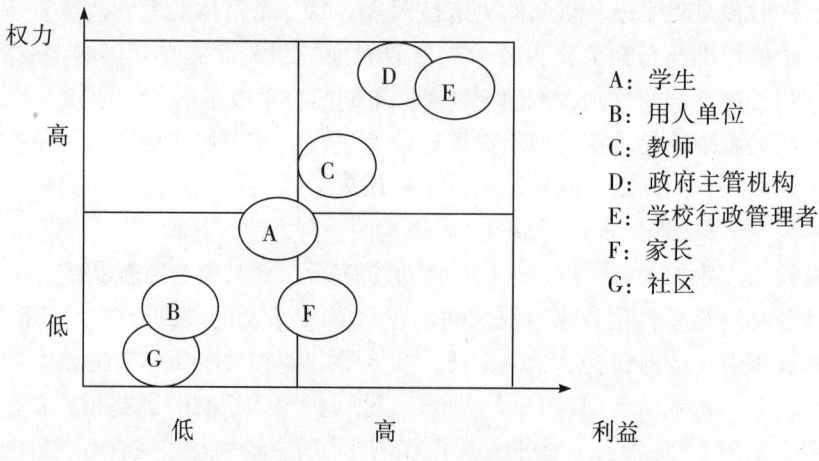

图1-6　教学改革利益相关者定点图：权力—利益矩阵

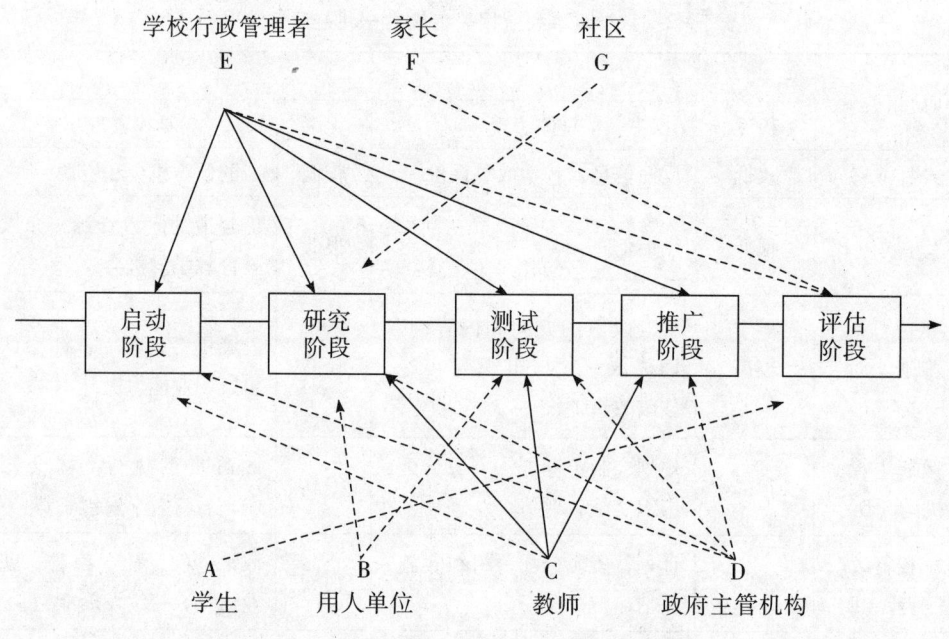

图1-7　教学改革各阶段主要利益相关者分布

图1-7中，实线箭头表示对应利益相关者有正式参与决策的方式，参与者的选择对决策结果有直接影响，虚线箭头表示对应利益相关者没有正式参与决策的方式，对决策结果仅有间接的影响。从图1-7中箭头分布情况可以发现，研究、测试与推广三个阶段受到更多关注，启动和评估阶段获得的关注度比较低；教师和学校行政管理者是教学改革项目的主要影响力量，政府主管机构、学生、家长、用人单位和社区仅仅是间接参与；新教学改革项目主要是由教师、学校行政管理者和政府主管机构启动的，教育服务需求方参与不足；教学改革效果评估只有三条虚箭头是因为评估主体不明确，学校行政管理者是组织方但不是评估主体，家长和学生虽有评估

需求，但对评估决策没有直接参与渠道。

总而言之，目前教学改革主体性参与结构是失衡的。一是参与主体以教育服务供给方为主，需求方参与不足；二是各方关注点集中在教学改革的中间过程，决策起点与决策绩效并未得到应有的重视。

教学改革主体性参与缺位带来一系列深层次的问题：

（1）教学改革的无序化。

教育服务供求规律是教学改革发展规划的基本依据，在来自需求方的声音被忽视的情况下，教学改革的任何规划不过是自以为是的产物。上述教学改革利益相关者"权力—利益"矩阵分析表明，当前的教学改革启动及设计环节主要是受行政力量的影响，作为教育服务需求代表的学生、家长、用人单位等介入的程度并不深。这就造成规划与客观需求的冲突。基本秩序的失位进而带来教学改革运行的系列无序化问题。在教学改革业务流程方面，因为缺少需求一端主体性的参与，评价和反馈环节成为影响教学改革质量的短板。一些被个别领导青睐的教学改革项目未经科学论证评价便被大范围地推广，更多的教学改革项目则在完成研究阶段后被束之高阁，没有同教学实践形成良性的互动。在教学改革的内容方面，通过归纳近年教学改革项目主题可以发现，关于专业性人才培养基本科学规律的研究不足 10%，大多数教学改革项目将注意力放在塑造所谓的新模式、新机制上，而教学实践真正需要的是用科学方法提升质量。教学改革的逻辑起点是需求，而不是盲目求新，在主体性参与结构失衡的格局下，有序的逻辑已经难以建立，因为无序成为既得利益者的保护伞。

（2）资源配置的禁锢化。

对教育资源的利用大致有两种模式，一种是消耗型的模式，一种是发展型的模式。消耗型的模式以行政力量为主导，教育资源投入及运营处于相对封闭的财政预算体系之内，重投入而轻产出。发展型的模式以教育供求联盟为主导，教育资源投入及运营融入社会资本体系之内，在重视资源投入的同时，关注教育资源的资本化。发展型的教育资源利用模式因其能在教育供求各方之间形成良性的利益交互机制，能够为教育发展创造可持续的资源供给保障，已经成为现代教育发展的必然选择。诞生于计划经济体制下的教育资源配给模式并没有顺应社会发展及时调整，政府负责拨款，学校负责花钱，资金管理严格执行政府财政预算管理的套路，教育资源的运行被禁锢于行政框架下的封闭体系。社会资源难以进入，学校资源难以流出，进而造成各方都缺少发展的积极性。在如此自成逻辑的封闭结构之下，行政力量逐渐占据了主导，其他主体更难获得进入的机会，并造成教学改革陷入路径依赖的困境。

（3）知识观念的扭曲化。

行政机构在教学改革中本应扮演着监管和服务的角色，如今反倒成为主体力量，学生、家长、用人单位等利益相关者则被置于体系之外。这种失衡的主体结构致使教学改革难以建立自我认知，对因何存在与为何存在的基本问题难以建立清晰的解释框架，如此则造成对知识、教师、道德等教育基本元素价值判断标准的扭曲。大学的发展历史表明，知识观是教育制度构建的重要影响因素，知识材料处于任何高等教育系统的目的和实质的核心。教育是知识创造与传播的阵地，教学改革对知识创造与传播体系的建构具有重要影响，其至可以将其理解为该体系的缔造者。但在主体性参与严重失衡的情况下，知识创造与转化体系同社会发展体系的联系受到严重限制，知识的内容及产生与传播知识的过程掺杂了诸多主观臆造的成分，具体的表现就是教学与科研脱离实际。比如，国内部分发达地区服务业对区域经济增长的贡献率在"十一五"时期就超过了40%，这些地区高职院校的专业设置中属于现代服务业范畴的有将近90%。现代服务业是知识密集型行业，对人才的需求亦有自身规律，但学校的教学改革却依然停留在适用于工业经济社会强调的岗位导向。育民族之根、养民族之魂是教育的使命，如果知识创造与传播机制是病态的，教育的使命当何以为堪!

为什么会出现教学改革主体性参与不充分的情况呢？为什么有些学校在推行了所谓的现代大学治理以后仍然存在类似的问题呢？

关于教育法规方面的研究将制约主体性参与的因素归结为高校的治理机制，并寄希望于通过对《高等教育法》的修订来理顺高校同政府的关系，约束行政行为，明确高校自主办学地位，建立现代大学制度。笔者认为这是理想主义的想法，1999年《高等教育法》实施以来，高校行政权力集中程度日益加剧的情况足以表明原来封闭的教育体系是缺少自我革新的动力和能力的。反思发达国家现代大学制度形成的过程即可发现，现代大学制度不是某种强势力量建立起来的，而是在诸多社会力量的博弈格局中自发形成的。国内部分实施理事会制度的高校难逃行政权力集中困扰的现实也已证明，仿效西方发达国家高等学校的理事会或董事会制度，能够落到纸面却难以落到实处，缺少多元化参与的教育教学过程注定会被个别主导力量所绑架。

教学改革的基础是资源配置结构与交易机制，财政投入为主导的资源配置结构如果没有改变，其他利益相关主体就难以获得进入高校教学改革决策体系的资格和条件，主体性参与的机制亦难以形成。高校要加强与政府、企业、行业协会等机构的协作，为人才培养和科学研究搭建开放的发展平台，这一点得到普遍的认可，也被认为是实现高校教学模式转变的重要路径。信息、人才、知识、设备、场地、服务、资金等多种价值要素的交换关系是协作的基础，这些资源要素的交换与流动如果是阻滞的，所谓的协作就只能是表面文章。

现行的教育法规对高校与其他机构之间的资源交互关系有所界定，但概括起来就是：社会资源流入学校可以，学校资源向外流动是不可以的。《高等教育法》第七条规定：国家按照社会主义现代化建设和发展社会主义市场经济的需要，根据不同类型、不同层次高等学校的实际，推进高等教育体制改革和高等教育教学改革，优化高等教育结构和资源配置，提高高等教育的质量和效益；第十二条规定：国家鼓励高等学校之间、高等学校与科学研究机构以及企业事业组织之间开展协作，实行优势互补，提高教育资源的使用效益；第六十条规定：国家鼓励企业事业组织、社会团体及其他社会组织和个人向高等教育投入。上述法律规定确立了高等学校打开门来办教育、接受社会资本参与的姿态，给众多希望借助社会协作促进教育教学改革的高校提供了行动的基本依据。《高等教育法》第三十八条规定却成了戴在高校教学改革头上的紧箍咒。该法条明确规定：高等学校对举办者提供的财产、国家财政性资助、受捐赠财产依法自主管理和使用，高等学校不得将用于教学和科学研究活动的财产挪作他用。教学改革活动大多涉及对外合作，而且人才培养模式的重要突破依赖于协同化创新，资金往来及相关资源要素的交互性是一个基本特点。在规则对于教学和科学研究之外的活动并没有清晰界定的情况下，改革者背负了巨大的压力，因为稍有不慎便会被冠以国有资产流失的罪责。《事业单位国有资产管理暂行办法》第八条第四款规定事业单位负责本单位用于对外投资、出租、出借和担保的资产的保值增值，按照规定及时、足额缴纳国有资产收益。但是对高校教学改革中常见的资产联合使用、共同开发过程中形成收益的管理问题，现行办法没有明确规定。更何况法律明文强调高校对资产仅有使用权。如此没有创新激励的制度带来的结果就是参与教学改革的相关主体没有动力，更没有胆量去探索，行政主导的格局自然成了合理的选择。

反观历来教育教学治理机制重大改革难以落到实处的情况，不对称的资源交互关系严重制约主体参与改革的积极性是其重要原因。多年之前便有高校探索通过董事会（理事会）的设立深化高校管理模式转变，但效果差强人意，有些学校的董事会（理事会）甚至沦为校友会、专家团。之所以步入这种境地，是因为目前的制度框架难以催生董事会（理事会）所需要的多元主体性参与结构。所以，教学改革的突破必须要实现制度变革，而制度变革的关键在于转变原有的高校与社会之间的资源交互关系，实现转变的重心还在于财产制度的改革。

通过上述对教学改革主体参与性的分析，可以得出这样的判断：高校协同创新的主体结构是失衡的。教学改革参与主体的结构是以政府主管机构和学校行政管理者为主导的，这两类主体的关注点集中在研究、测试、推广三个环节，启动和评估环节受到忽视，造成教学改革的随意性与资源运营的低效率。教学改革的深化需要多元化主体参与的决策机制，调整资源交互关系，消除外部利益相关者进入的障碍及提升其参与的积极性，是结构转换的基本路径，该路径能否打通制度保障体系的建立，则取决于高校财产制度改革。有必要设立高校预算管理专项法规，通过法规建设，转变高校资金的来源结构与使用方式，盘活高校整体资产运营体系，引导教育教学改革活动从资源消耗型向资源发展型转变。

5. 端正学生观：从阶段性受体到终身学习主体

许多具体的事例表明学生参与度同高职院校校企合作质量有密切关系。在现代学徒制框架下，多数企业仍然对校企合作反应冷淡，原因之一是经过联合培养的学生只有少数愿意继续留在企业，保有率一般在 10% 左右，但是也有个别院校学生保有率高达 60%；部分企业为了能保证学生参与规模，往往会在正式招生前进行宣传，但有的企业在宣传之后，报名人数不升反降，有些学生甚至会认为学校和企业是在给自己洗脑，产生抵触情绪；同样一种校企合作形式，来自于普通高中的学生和来自于中职的学生会给出完全不同的评价和选择。面对校企合作的人才培养模式，学生关注什么？他们会怎样参与？什么因素会影响他们的参与程度？学校和企业应当如何有针对性地进行引导？此类问题在理论和实践层面都没有得到很好的解决，这也是阻碍校企合作质量提升的因素之一。

从 20 世纪 30 年代教育心理学家泰勒（Ralph Tyler）提出"学生投入到学习中的时间越多，学到的知识也就越多"这个简单的假设以来，学生参与度的概念经过了任务时间性（Time on Task）、努力质量（Quality of Effort）、学生涉入（Student Involvement）三个阶段，逐步形成了今天的内涵特征。美国印第安纳大学的库（Kuh）教授等人认为：学生参与度概念具有双重的核心特征，一方面指学生在有效教育实践中投入的时间和精力，另一方面关注大学提供的促进学生参与教学活动的服务环境。学生参与度被认为是影响高等学校教育成果的重要因素，能够帮助大学更好地认识学生学习的质量，并理解学生有效学习发生的过程和机制，从而促进大学做出相应的改进。因此，学生参与度已经逐渐成为衡量高等教育质量的新标准以及高校改革人才培养模式的重要依据。

对学生参与度的测量一般从个人体验、学业活动、社交活动、学校支持四个维度进行。个人体验反映了学生对自我参与带来的收获的感知，认知收获和情感收获是两种具体类型。对学业活动测量关注课程学习、与教师的互动、利用学校设施等方面的内容。社交活动方面关注学生对校园设施、社团、学生之间关系等的熟悉程度。学校支持侧重于发现学生对学校所提供的环境支持的认识与理解程度。具有代表性的研究成果有：Webber（2010）等对一年级学生学习投入与学业成就关系的研究；Junco（2011）等关于 Twitter 与学生学习效果关系的研究；Pike 等（2012）对学生参与度与学科及学生学习效果关系的研究；Effers 等（2012）关于学生情感投入的研究；Katrina（2014）学生参与网络在线学习的研究；Shui - fong Lam（2015）等在跨文化情景下对学生参与度的研究。

以学生发展理论和大学影响力理论为基础，从 20 世纪 70 年代中期至今，研究人员陆续提出学生参与的概念框架及测量模式，主要有学生辍学交互模型（Tinto，1975）、变化评定模型（Pascarella，1985）、I - E - O 模型（Astin，1993）、学生涉入理论（Astin，1999）。在强调学生投入对学习收获有重要影响的同时，这些模型突出了学生与学校之间的互动体验对学生发展的影响。

在测评工具方面，基于学生涉入理论的"合作制度研究计划学生调查量表"、基于学生努力质量理论的"大学生体验调查问卷（CSEQ）"、基于学生参与理论的"大学生参与度调查问卷（NSSE）"具有广泛的应用，其中，NSSE 因其关注学生学习和高校教学的过程性指标，其应用和影响受到普遍肯定，国内关于学生参与问题的相关研究基本以 NSSE 为参照。

学生参与的问题在国内虽然早被提及，但深入的研究尚不足 10 年时间，朱红（2010）、赵晓阳和刘金兰（2012）、林炊利（2012）、董向宇（2015）等的论述比较具有代表性。从完善大学治理机制的角度考查学生参与的意义、方式及策略是国内相关研究的侧重点；另有部分成果是应用学生参与的理论模型与测评工具对教学质量评价、学生成长机制、创业教育体系建设等问题进行分析。

校企合作关系如果能有长期地维持，双方在各种资源上承担的相应义务越多，双方在发展目标上更容易达成一致，双方产生冲突的频率和强度会越低（Bonaeeorsi and Pieealugadu，1994；Geisler，1995；Santoro and Chakrabarti，2002）。校企合作的实质是形成知识流动的网络（朱爱辉，2007）。从利益分配机制的角度，校企合作是将知识要素与商业要素直接结合，通过价值传导中的利益分配机制，统一了企业、高校研究所和国家等三方技术人员与管理人员的利益矛盾（祖廷勋等，2005；嵇忆虹等，1999）。在职业教育层面，校企合作是由政府、学校、企业、行业组织构成的相关利益者组织（肖凤翔等，2013），是职业教育回归企业本真的临时形态之一（聂伟、刘兰命，2012），校企合作长效机制建构的基础是政府、行业协会、高校和企业四方利益的协同（王欣等，2014）。

综上所述，受国际高等教育质量评价视角转变的影响，我国高等教育研究者也开始重视学生参与这一评价主体，开始关注大学生的学习生活体验和参与程度。校企合作不仅仅是高职教育质量提升的重要载体，也是高职教育演化过程中的一个特定组织形态，其稳定性与有效性取决于多方利益相关者的博弈关系。高职教育领域的校企合作以技能人才培养和输送为载体，知识转移或科研成果转化不是主要形式，因此要重点关注学生在校企合作关系中的角色，而现有关高职教育校企合作关系的研究与实践恰恰将学生视为被动的接受者。

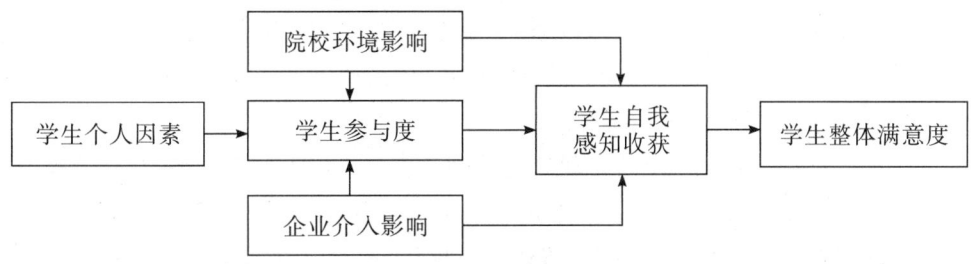

图 1-8 基于学生参与的校企合作质量评价框架

传统的学生观源于传统的职业教育形式，在现代学徒制框架下，学生兼具企业员工的身份，学生与学校的关系已大大突破传统的教学框架，更类似于契约关系。而且，在现代学徒制框架下，职业院校不仅仅要关注学生在校阶段的教育，而且要关注其后续教育，这是职业院校的社会责任，随着生源结构的变化，这也将是决定职业院校发展命脉的环节。因此，职业院校需要转变学生观，将学生视为校企合作关系中的主体，并以此建构相应的教学体系、服务体系与评价机制。

2　商事学徒历史启示

中国古代没有专业从事商业人才培养的学校，学徒是商帮自己培养，部分有实力的商帮通过建立学堂并在学堂中植入营商课程培养后备人才。保荐制、行会、习俗等在保障传统学徒制运转方面发挥了重要作用，非常值得借鉴。新中国成立以后的学徒制一度是技术技能人才供给的主渠道，后来被学校所取代。古代学徒制以及新中国成立后学徒制的大发展给我们的重要启示是：学徒制需要保障与支持服务，例如古代的行会、保荐制和新中国成立后的政府支持，这提示我们需要进一步思考高职院校在现代学徒制中究竟要扮演什么角色。文化认同是学徒制能深入发展的根本，古代学徒制没有复杂的制度，但依靠文化认同形成了一套与学徒相关的习俗，这种以文化力量培养学徒的路径对现代学徒制发展是有启发意义的。

2.1　传统商号的储备人才

1. 传统商号人才管理

传统商号中，除了一些小商小贩是依靠自家人打理生意外，大部分有规模的商号都拥有一支负责收购、管理、运输、销售等商业事务的人员队伍，晋商、徽商、粤商等商帮中的著名商号都有庞大的商业网点和从业人员队伍。如何选育及管理人才是这些商号的头等大事，正如清代著名晋商李宏龄所言："其成败得失，皆关乎人，人存则举，人亡则废。"商业经营虽然早有传统，但正规的教育体系内并没有商事方面的内容，更没有商事方面的专业学堂，所以，商号内部的训练体系就成为培养人才的主要方式，在家乡举办私塾、书院、义学等教育活动则是另外一种培育商业人才和传承商帮文化的重要途径。

商号中的从业人员包括财东、掌柜、副手、掌计、伙计、雇工、学徒、杂役等。财东类似于如今的投资人，拥有所有权与经营权，有可能直接参加经营管理；掌柜则是受财东委托负责运营管理的代理人；副手是财东的助手，起着参谋、沟通、服务的作用；掌计相当于分公司经理，负责一个区片或一个店铺的经营管理工作；伙计、雇工、学徒和杂役都属于聘用的工作人员，但是在特定的社会背景下，他们的地位会有所差异。传统商号从业人员结构见图 2-1。

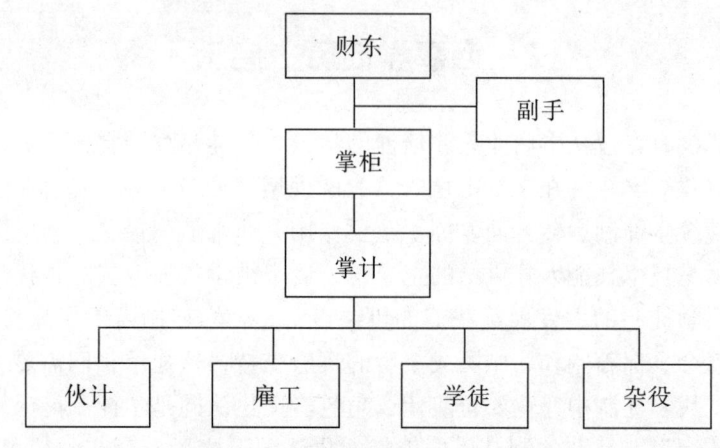

图 2 - 1　传统商号从业人员结构

明清时期出现了《路程图》《生意经》《商贾便览》《客商规略》《生意世事初阶》《贸易须知》《生意经络》等关于如何经营商业的书籍，这些著作反映了当时商界对人才培养的重视。虽然晋商、徽商、粤商等几大商帮在人才的选拔、培育、任用、激励及约束等方面有所差异，但关于经商人才的基本要求并没有很大的不同，在技能要求的同时，特别重视人的道德与操守。

如《客商规略》对经商人才的培养提出了以下具体要求：

第一要勤苦。清早不必要人呼唤，一定要先起来将商店的店门打开，扫地揩灰，打扫店堂，收拾干净。安置东西，件件色色都要有顺序、有章法。若是生意稍有闲空，或不妨习学算盘，愈熟愈好，不要骄傲，才晓得些就将其丢开。如果如此，依旧无用，故算盘银色要时时习学，不可趁闲东走西荡，以误正业。若店中生意忙时，须要启眼洞烛，不必时时俱要人吩咐，切不可算懒账。

第二要诚实。无论是亲友，还是买卖客人，都要以诚实待人。言语必信，举动至诚。《客商规略》说："如逐宗逐件，须要来清去白，不可因无人看见，即爱小私积分毫。欲起此心，即想曰不可自欺也。立心如此，何等正大光明，自然一心在正路上，用功夫何不能成立？既能成立，何止万倍之利。虽有紧急要务，不妨告禀本东支取应用，不得私取分毫应己之急也。"

第三要谦和。《客商规略》告诫说："谦是谦恭，和是和气。如对店中亲友、买卖客人交谈之间，须要和颜悦色，不可粗心暴气。"俗话说，和气生财。

第四要忍耐。"忍是含忍，耐是耐惟。或是同店朋友，以恶加我；或是本东言重，使我难当，唯以忍之为高，不可强辩。"常言道，忍得一时忿，终为人上人。在和顾客打交道的经商过程中，经常会遇到顾客的言语或其他方式的刁难，作为经营者，必须要有涵养，学会隐忍，把顾客当作自己的衣食父母，方才能赢得顾客。

第五要变通。"变者，不执一；通者，达也。假如店中某货，系合某价钱成本到店，目今时价，算该有几分钱利息。……卖时，其中价目或增或减，须看货之行弃。行者，不妨价增；弃者，亦须减价。"《客商规略》要求学徒们必须学会善观时变，毕竟商海风云莫测，要想赢得商机，变通是不得不学的。

第六要心有主宰。"或是店中左邻右舍，或是地方上朝日熟识之人，或是远处生疏亲友，或以酒食请你，或以心爱之物送你，或央你做中作保，云有重物谢你；或与你打合别处私开小店；或某处赌博邀你去看看；或某人家有标致女子，同你去瞧瞧；或家中盗出物件，借你去寄寄，明日与你分；或偷出来的东西，贱卖与你。以上数者，皆自诱你上钩，当送你下陷坑的事。当此之事，须要心中有主宰，总以不贪外财为心。"

第七要俭朴。《客商规略》说："虽手头有两把银子辛赍，凡衣可被体，食可充饥，无冻饿之苦，足矣。""凡做生意之人，总以朴实俭约为本。才成得人家，则心志放纵，用度奢侈，未有能成立者也。""居安佚而志在辛勤，处盈余而身甘淡泊"，这样才能积累起财富。所以，顾炎武说，徽商"勤俭家甲天下，故富亦甲天下"。

第八要重身命。《客商规略》告诫学徒们，一定要珍惜生命，"凡一切危身陷命之事，一践其辙，皆系不顾身者也，最宜深戒之"。对人来说，生命的存在是第一位的，决不可为一时之贪财而轻命。

第九要知义理。《客商规略》把义理提到了立身之基的高度，认真辨明了义理之间的关系，指出：义理"二字分明，则言行之间无处而不当，即立身之基自此固矣"。

第十要不可忘本。"常见许多后生，才晓得些生意，便将自己看得天尊般高，眼里无人，即见着可厌不礼他。如此骄人，不多时又见无依倚了。再要开口求人荐举，自亦口涩难言矣。汝今此去，倘得成立之，如此忘本之事，断然不可为也。牢记，牢记。"

《客商规略》最后总结说：以上十条不仅是学做生意的大概，也是为人处世不可缺少的要领。

地域文化特征在人才培养方面具有重要体现。徽商具有更浓厚的儒商特征，在选人方面重视宗族子弟，对后代的培养方面则重视儒家文化教育，支持子弟参加科考。晋商的人才选拔坚持"避亲用乡"，更重视通过制度创新激励雇员，例如顶身股制度，对子弟的教育则突出营商能力的培养。甬商因为毗邻上海，买办居多，所以能较多地借用西方管理方式。潮州商人在重视宗族力量的同时，因其海外营商网络庞大，其东西方结合的人才管理特征更为突出。总而言之，传统商号的人才管理具有儒家文化的深刻烙印，传统与现代营商环境转换的大背景下，甬商、潮州商帮等因为能主动借鉴西方管理模式而得以发展壮大，晋商、徽商等则湮没于历史长河之中。

商事学徒规范化的发展是在明朝中期以后，主要得益于行会的推动。传统商号对学徒的选拔、培育及考核程序复杂且要求严格，在商号经营势头良好的时期，为了保证服务质量，学徒不会是从业人员的主体。《徽州商号"伙计"的生活实态》

（马勇虎、李权弟，2011）借助对咸丰年间徽商志成号账簿的分析，总结了当时"伙计"的生活情况，表2-1是关于志成号店员俸金的统计表。表中的李科林自咸丰元年至咸丰三年在商号做学徒，其间是没有俸金的，咸丰四年开始领取俸金，但也是比较微薄的。

表2-1　志成号店员俸金统计表

单位：文

店员	咸丰元年	咸丰二年	咸丰三年	咸丰四年	咸丰五年
仲记	50 000	50 000	50 000	50 000	50 000
瑞千	50 000	55 000	55 000	55 000	55 000
吴仰周	20 000	20 000	24 000	24 000	24 000
江君达	46 000	50 000	50 000	50 000	50 000
韩玉书	16 000				
詹成万	24 000				
洪殿臣	38 000	45 000	45 000	45 000	50 000
步高	8 000	10 000	10 000	10 000	10 000
添孙	16 000	16 000	16 000		
詹松庆		21 000	26 000	26 000	26 000
李科林	0	0	0	4 000	6 000
詹荣升		36 000	36 000	36 000	43 267
秀璋		24 000	30 000	50 000	
观长		0	0	0	0
荣顺				16 000	
春兄					0

各种帮会组织强调会员对商帮的义务与责任，强调建立良好的商业信誉，强调团体合作、信息交流与共同发展。一方面，这有利于商帮势力的巩固和扩张，有利于协调解决商业活动中的矛盾纠纷，有利于建立公平的商业秩序。另一方面，这种以亲情血缘关系为纽带的宗族团体参与市场竞争，在集聚财力、物力、人力及统一行动方面也占有很强优势，它与当时的商业发展环境和形势是相互适应的。但是这种传统的以地域、血缘关系为基础的帮会组织与现代开放流动的市场是矛盾对立的（廖新平，2007）。人才管理的封闭性可以说是传统商帮走向没落的重要原因之一。

2. 传统商事学徒的选育过程

传统商号不会公开招募学徒，而且从学徒到可以执掌生意的管理者至少需要经过十几年的时间。仅从这一点可以判断，传统学徒制并不是为了解决就业问题，也不是为了解决企业一般性雇员不足的问题，而是为了培养事业发展所需的关键人才。所以，明清之际的商事学徒有着严格的选拔过程。学徒一般要经过入门前考察与保荐、"请进"后培养、出班考核三个阶段。

（1）入门前考察与保荐。

"轻商"的思想在明朝中后期已经不是主流，能够进入商号当学徒对于普通人家而言是求之难得的发展机会。备选人员要经过身体与智力的测验，自己以及父祖辈都要清白，除此之外，还要有保荐（担保）人。学徒的保荐制是明清商业领域普遍采用的一种信用模式，这种制度降低了选人的风险，而且能够促进学徒、保荐人、掌柜、财东之间形成稳定的互信关系。

董朝辉与杨继平在《晋商票号人才选拔培养及现实意义》中对晋商的保荐制度有如下描述：保荐人担保制是学徒录用的基本制度，信誉清白是学徒录用的基本前提；晋商不直接公开招收学徒，希望进入晋商票号的人必须由保荐人担保，保荐人要出具担保书，对学徒在商号发生的一切行为负责；学徒在票号的行为与保荐人的个人信誉密切相关；保荐人倾向于在掌柜与东家心目中塑造出一种能获得社会赞许的印象，为了避免自己在社会交易情境中蒙受损失，避免自己社会地位或声望的降低，他们会在推荐学徒时尽职尽责。

图2-2是孔祥熙故居保存的一份保荐书，文字内容为："贵号学习生理到号之后自当遵守号章从事职务倘有违背号规及其他种种情弊承保人应付完全责任。"如果伙计在商号有违规行为，管理层不但训诫、处分伙计，他的保荐人也会受到牵连。如果伙计在商号违规或在学徒期间不能胜任工作被出号，商号不直接告诉伙计本人，而是通知保荐人，由保荐人将伙计的铺盖领走，以示保荐关系解除。如果保荐人所保荐的人被出号，不仅是被保荐人的耻辱，对保荐人的声誉也大有伤害。黄鉴晖的《山西票号史料》记载："票号收练习生，以为培养人才的根基。欲为练习生，先托人向票号说项，票号先向保荐人询练习生的三代做何事业，再询其本人的履历，认为可试，再分

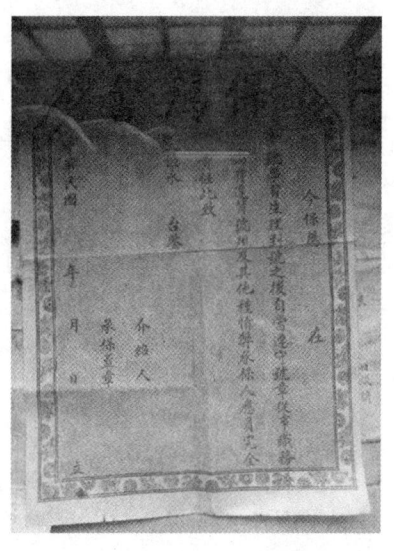

图2-2 双恒永商号的保荐书

口试与笔试两种，如属合格，择日进号，名为'请进'。不过这种练习生的考试，没有一定的日期与数额，视其需要而定，练习生有保荐人而无押金，将来如有舞弊情事，由当日保荐人赔偿损失。"所以，保荐人资格是有一定要求的，保荐人必须具有相当的经济实力，同时必须与商号有利害关系。

（2）"请进"后培养。

经保荐人推荐，通过前期考察以后，学徒要择日入号，这被称为"请进"，学

徒便成为商号中具有学徒和雇员双重身份的成员。在此期间，学徒要完成三项工作：劳动、学习与接受考察。

之所以将学徒的工作称之为"劳动"，是因为此时的学徒还没有资格承担专业性的工作，主要是从事清洁、端茶送水、搬运货物等服务性工作，可以说是最辛苦的，也被人认为是最低等的。晋商的《生意经》中对入门学徒的要求是："凡学生意之人，清晨早起在诸人之前，夜晚睡觉在诸人之后，临事不用人唤，食在人后，做在人先，洒扫必须洁净，务惜翎毛以避灰尘。"胡雪岩、虞洽卿、李嘉诚等都是从处理这些店内杂务开始的商业之旅，遑论其他人了。

学习的内容包括日常礼仪、基本技能与专业技能，学习的方式则是以师傅言传身教为主。传统商号将德行视为营商的根本，因此对学徒的道德训教极为重视。张正明的《晋商兴衰史》中提到当时商号对学徒的道德要求为："重信义、除虚伪、节情欲、效品性、贵忠诚、鄙利己、奉博爱、薄嫉恨、喜辛苦、戒奢华。"清朝嘉庆年间商业理论家王秉元总结知名商贾的从商经验编纂《世事》，后人修订为《生意世事初阶》，这本书可以说是为商事学徒编写的经典教材，其中详尽说明了学徒应当掌握的生活与工作要点。

第一，学小官，第一要守规矩、受拘束。不以规矩，不能成方圆；不受拘束，则不能收敛深藏。譬如美玉，必然琢磨成器，况顽石乎！

第二，男子志在四方。原望觅利蝇头小利，以为养家糊口之计，切不可嫖赌废荡。凡搭船、歇店，务必少年老成，见得透，守得坚，如此为人，东君方可重托，父母才得放心。

第三，学小官，清晨起来，即扫地抹桌，添砚水，润笔头，捧水与人洗脸，取盏冲茶，俱系初学之事。扫地倘遇失落银钱，须拾取放在账桌上，不可怀藏。

第四，学生意，要照看柜里柜外，看人做生意，听人说甚的话，彼此买卖交易，问答对敌，贯串流通，必须听而记之。

第五，学生意，先要学官话，纵然一时不像，切不可怕丑。若满口乡谈，彼此不懂，如何能出门学生意，读书居官亦然。

第六，进店学小官，全在流通活泼。先学眼前一切杂事，谙练熟滑，伶俐精灵。更要目瞻耳听，手勤脚快。大概已定，然后用心学习戥子银水，算盘笔头。次之听人言语，学人礼貌。

第七，小官不可嘴快。多言好辩，最令人嫌。如众人在一处叙谈，你可耳听，勿使眼望；亦不可向前多嘴插话，轮不到你说话之时，且学乖透了，再向前未迟。

第八，学小官，切莫嫌人啰唆。他说你，是教你成人。骂也受着，打也受着。你若嫌他琐碎，而再形于辞色，他下次当说也不说。日后成人，方知说你者是恩人，不说你者是坏人。

第九，学小官，不论有人无人在面前，都要兢兢业业，谨守店规，莫说无大人在面前，就可以顽皮，此系你不受拘束，则放荡不成文矣。

第十，柜内无你坐之理。有生意，固须站起。见店里伙计，亦须站起。盖店内俱系比你长的人，不是东家，就是伙计，都为你师，你焉敢坐也。到你坐的时候，自然让你坐也。

第十一，要有耳性，有记才，有血色，有和颜，四件万不可少。有耳性，则听大人教训；有记才，则学过的事，就不肯忘；有血色，则自己就顾廉耻了；有和颜，则有活泼之趣。

第十二，学字须在饭后。闲暇无事，即于柜内习学操练，或看书消闲，开卷有益。如有事，切不可看书。圣人云："行有余力，则以学文。"

第十三，学算盘，日间不可学。生意之家，忌的是白日打空算盘。要在晚上无事学算。请教人指点算法，灵窍全要心悟。

第十四，称戥（音如"灯"，用小铜点作标记的微型称）子，将（秤）毫理清。拿足提起，勿使一高一低，总要在手里活便。称小戥，务必平口；称大戥，务必平眉，不可恍惚。称准方可报数。

第十五，看银水呈色，整锭者，看其底脸，审其路数，使哪一处的银子。但银水一样，销手百般，细察要紧。如整锭无重边者，趱铅无疑。

第十六，学小官，说话要响响亮亮，斩钉截铁，切莫沾沾滞滞，说在肚里，使人听不见。亦不可胡言乱道、嘻嘻哈哈。别人说笑话顽，你只当没有听见，才成学生意之道。

第十七，学到周年两载，生意有点眉眼，就要硬着头，恋在柜上，勉力做生意，不可退后。如你做不下来者，自有旁人接应。你一两回，把胆子放大了，就好向前做了。

第十八，奉命到街上买东西，或往别店有事，一到将事办完，急回店，切不可长远耽搁，贪玩好嬉，如此者，就不把生意放在心上了。

第十九，每日须早起，不但神清气爽，凡柜台内外，打扫洁净，摆列整齐，有是店面之光彩也。

第二十，小官上柜，必须挺身站立，礼貌端庄，言谈响亮，眼观上下，察人诚伪，辩其贤愚，买物之人，自不轻视你了。

第二十一，做生意，须把生意为重，不可胡思乱想。即有要紧心事，比时要拂开。有云：心无二用。若想心事，则精神恍惚，办事潦草，即不舛（音如"船"，相违背的意思）错免了。

第二十二，手内做着生意，还要耳内听人说话；嘴里说着话，还要眼睛看着事。所以，生意人要八面临风。

第二十三，人借戥子称银子，不可伏在他面前，望着他的银包，恐有遗失。你可站开些，俟他称过银后，将戥子收来可也。

第二十四，替人夹银子，夹开必须放在桌子上，切不可就放他银包内，恐有讹错，慎之。

第二十五，与子弟学生意，切莫先送人大店。子弟不妨先在小店里学生意，资本虽小，为事俱系把稳，锱铢积累。只讲勤俭，不务奢华。寻常日用所需，犹如居家一样。

第二十六，小官务要识好歹。那人既朝夕教诲你，又不过严厉，就要努力奋志，学得生意精微，世务圆通，再未有不成人之理。又道：世上无难事，只怕有心人。你若终日贪玩，诸事全不习学，如此之人，倒不如早些回去，另做别图。

第二十七，言谈不可缺也。即或人闲坐，亦要四处寻些话来讲讲。或叙寒暄，或谈时务，才成活变灵通之道也。

第二十八，说话第一要谦恭逊让，和颜悦色。出口要沉重，有斤两，方成正人君子。大凡言语之中，不可浇漓刻薄，诡诈奸诈，兼之有碍他人短处，最要留心。

第二十九，交易虽要言谈，却不要太多，令人犯厌。须说得得当。你若多言，不在理路上，人反疑你是个骗子。

第三十，生意人，要如春天气象，惠风和畅，花鸟怡人，才是有脸戏。

第三十一，生意不比古时，目今若依古时做生意者，鬼也不上门。时下需要言如胶漆，口甜似蜜，还要带三分奉承，彼反觉亲热，买卖相信。

第三十二，入人柜内，不可靠银钱之所，犹恐彼有失误舛错，就疑你三分。又道：失物厌来人。再者，亦不可翻人账目看，惹人讨厌。

第三十三，有子女堂客来买东西，切勿笑言戏谑、趣语流连，外人看见不像样。再若被他喊叫詈（lì）骂，你脸面何存！总要正言厉色，把着交易做，不可放肆。

第三十四，面生人进柜，须要请教尊姓台甫，尊府何处，再问到此有何贵干，细细盘诘一番。恐防有歹人冒同进店，你疑他同伴。

第三十五，称买物银子，大市价钱，他是晓得的。假如货卖六分一斤，戥子就要放在六分三四厘上，一让再让，买人自不疑惑。

第三十六，称大小秤，必须扶稳拿一，勿使低昂。如称他家伙，必须捺着些；回来称己货物，必须撮着些，亦是取巧之小技，谋利之法门也。

第三十七，称银与人，发货与人，付账与人，数钱与人，必须再三查算，交代明白，切勿慌张含糊，以致讹错遗失之患。

第三十八，人既妥交之银钞，此时不可搅乱。俟停一刻再搅，犹恐彼不买而来退。其原银不动，则彼自无话讲亦。

第三十九，人带银来买货，你问他买何物，先言价值，次看银水，再用戥秤。货价该若干，多则退，少则添。

第四十，人来买物之银，先已称过，因交易不妥，既出去复回来者，务将他银包打开，复称复看。他若说你才秤过，有秤做什么，你回道：金银不过手，事不嫌细。

第四十一，熟人来买物之银，必须过数，多则退，少则补。故不论生人熟人，总要当面过数，方免后悔。昔时贤文有曰：莫信直中直，须防人不仁。山中有直树，世上无直人。

第四十二，来往熟客，存整封炮头银子，务必当面拆开，差点明白，然后封固，皮上写某姓某名存记。切不可随手收下，最为误事。凡一切事务，大意不得，存神要紧。

第四十三，对紧要人说话，俱要留神。有道：要知心腹事，但听口中言。你若不审视来历，不究根底，只随口说出来，并不瞻前顾后，诚恐话里机关，令人参破识透。故凡一切说话行事，都必须再三思忖。

第四十四，柜上做生意，不论贫富奴隶，要一样应酬，不可藐视取人。只要有钱问我买货，就是乞丐花子，都可交接。哪里是应酬人，不过以生意为重，应酬钱而已。

第四十五，柜上只可一人对买者交谈，切不可个个插嘴，多话则不成大方生意。如买者执意不添，两下不能转弯，方着一人分剖几句，则生意就矣。

第四十六，柜上做生意，全要眼睛亮。第一要识认得人。有道：遇文王而施礼乐；遇桀纣而动干戈。但发怒要想收头，又须知柔能制钢之法。

第四十七，不可性急，性急则生意难成。三言两语，将几句呆话说完，及至结局，没得对答。又道：生意不成，言谈未到。

第四十八，店内生意兴，人多挤满，须逐一做妥、交货。自己拿定主意，总不慌张。须某人某宗，算清交付。

第四十九，生意过滥则伤本，太紧则无人投奔，须要看人活变。如有所图者，作今日不成钱，还有下次扳本，不可不深察也。

第五十，做生意，看人来甚言谈，就要将甚话敌他，切不可嫩弱，总要应对如流。或批评你的货丑，亦不可蠢他；他善批，你亦善解。有道：褒贬是买主，说话是闲人。

第五十一，买主进店，要看你货色好歹，可先将丑的与他一看。彼嫌不好，再把次一宗给他看。彼中意就罢，买者既合式，自然会高价买去。你若起初便把高货看，他必不信。

第五十二，开口价钱，须留些退步。到后奉还，彼是信服的。你若突然说实在价，买者未能全信，决不肯增，只有减的。瞒天说价，就地还钱。

第五十三，人问价不处意买者，就是照本就他一着，此所谓请客之法。倘或向我买，我亦卖与他，往后恐有生发拉扯，亦未可定，名为拉主顾也。

第五十四，冷货讨价者，须要水马不离桥，不可过于离经。彼闻你讨价没影子，则伸舌而去。即或过路生意，亦只比大市略高昂些。

第五十五，生意还价不到本，是不卖的。还价过了头，是不卖的。或还价在路上，疑而不决，恍惚不定者，是不卖的。须三收三放，皆不放他出门之意。

第五十六，还价不到本，或赚钞无多者，不可轻于放他出门。亦要迁就软跌，必须笑容相待，推之以理，详之以情，那人自然多寡也添些。

第五十七，交易无论大小，须在柜前将交易做妥。故须细细揣摩，划算本利，卖得卖不得，不可自误。

第五十八，正经生意，也要慷慨大方些、泼绰些。不可格外苛刻，做出名声，才有些主顾投奔。

第五十九，卖有利钱的货，平色微微差些，就要包含些，切莫执拗，定要价高色足，毫无推拨。即无利之货，亦要活动为主。

第六十，门口各货，价钞卖定。倘或些微价高，必听听大市；方可长跌价。跌价须跌在人前，长价须长在人后，亦是拉生意之道。

第六十一，货价陡长，必须将货物从地头因何而贵，或是不出，或遭干（旱），或遇水荒，以致缺长，如此分剖明白，下次自多投奔。

第六十二，门市货色，须剔选高货，放在门口卖，不但卖得起价，且而又有主顾。若门市生意，是养命之源，必须斟酌妥帖，不可潦草做坏，谨记谨记！

第六十三，做惯小生意者，或有大生意投你手里做，就要打起精神，自己慷慨些，洒脱些。比不得小生意，锱铢必较，则非大方脉矣。

第六十四，现买现，俱要银全发货，免得他徘徊摆布，末后拔围。如若赊账，须看其为人若何，访其家庭若何。有道：赊三千，不如现八百。又道：略占些便卖，纵对合不赊。

第六十五，待小官，犹如待自己子侄一般。既在店学生意，有道：在家靠父母，出门靠主人。方见朋友亲戚，有点血心关切。

第六十六，教训小官，先要论其资质若何。聪明作聪明教法，鲁钝作鲁钝教法。必须细心教他的生意，他后来成人，决不忘你善教之恩也。

第六十七，东君固须体恤伙计，量材给俸。水深才养得鱼住。为伙计者，亦当尽心竭力。有道：食人之禄，必当忠人之事。至小官初学生意，更须谨慎和睦，不可傲慢怠惰。

第六十八，出路雇船，要预先开一启程单，某宗某件，以便照单查点，犹恐投诉起船，慌忙失落。

第六十九，剃头切莫通眼、绞鼻，尤不可剔脚，只可长洗自剪。此老成历练之言，一生受益不浅，谨记谨记！

第七十，烟酒最为误事，有损无益，孟子曰：事孰为大，侍亲为大；守孰为大，守身为大，戒之！慎之！

第七十一，新进店学生意。第一要和睦。小官往往有以大压小，以新间旧之弊，相为忌刻。有道：投师不如访友。你若格外和好，他自尽心指引，不至如盲人骑瞎马矣。牢记！牢记！

第七十二，古诗云：年少轻岁月，不解早谋生。晚岁无成就，低头避故人。俗话说：吃不穷，穿不穷，算计不到一世穷。家有一千银子，每日只用三钱，若不经常算计，不要十年全完。

（3）出班考核。

商号对学徒的出班考核极为严格。黄鉴晖《山西票号史料》曾记录："练习成熟，再测验其做事能力与道德，如远则易欺，远使以观其志；近则易狎，近使以观其敬；烦则难理，烦使以观其能；卒则难办，卒间以观其智；急则易爽，急期以观其信；财则易贪，委财以观其仁；危则易变，告危以观其节；久则易情，班期二年以观其则；杂处易淫，派往繁华以观其色。"学徒期满，经过考核，学徒就可以出班了，也就说可以独立掌管某些工作。通过了学徒期的考核并不意味着一定会成为商号的管理者，考核通过仅仅是意味着学徒获得了在商号工作的正式资格，能否被委以重任，还要经过继续的学习与考察。图2-3上部分是学徒的职业晋升路线，学徒类似于现在的门店实习生，伙计类似于正式店员，跑街则是被委以采购、销售、公关等重要任务的职员，类似于门店店长助理。如果一个学徒能在出班以后被提拔为跑街，则说明已经得到商号充分的信任，并且正式进入了管理干部培养序列。

学徒 → 伙计 → 跑街 → 掌计 → 副手 → 掌柜

实习生 → 店员 → 店长助理 → 店长 → 区总经理助理 → 区总经理

图2-3 学徒的职业晋升路线

2.2 传统商事学徒的文化认同

对现代公司而言，公司通过签订合约与内外部的利益相关者确立了使用资源和分配收益的一般关系，公司治理结构与方式总是基于这些合约而进行的。公司合约中不仅包含了正式合约，而且还包含了以公司文化为核心的隐性心理合约。公司的利益相关者通常会在遵守正式合约的同时通过变更心理合约的方式来约束和影响公司治理结构，具体表现在公司的利益相关者对其努力程度和主动创新状况的改变。高效的公司治理必须建立在最大限度包容各利益相关者群体价值取向的公司文化之上，并向各利益相关群体提供同等的价值（张志鹏，2005）。公司文化认同、利益相关者行为与公司治理关系见图2-4。

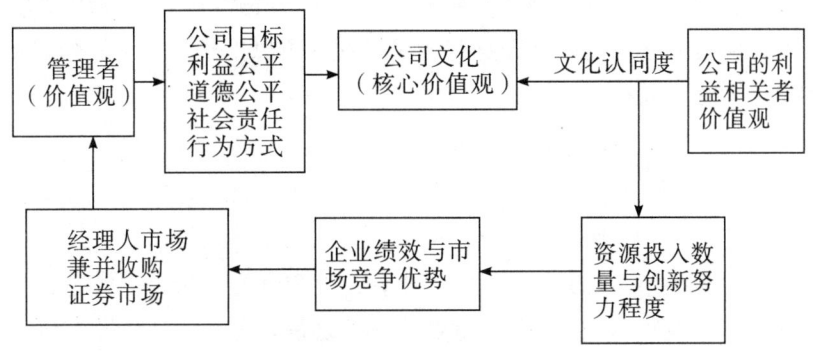

图2-4 公司文化认同、利益相关者行为与公司治理

传统商号也有规矩，但更多是靠习惯，而非文本上的条文，也就是说隐性的心理契约起着主要作用，因此文化认同就尤为重要。传统商业企业并没有现代企业成体系的、个性化突出的文化设计与管理策略，但也有值得现代企业思考和学习的地方。

现代企业管理理论认为仪式是促进文化认同的有效途径。其实传统商号在仪式方面有着更深刻的理解，更有系统化的体现。

北京同仁堂老店在传统的农历"二月二龙抬头"这一天，会举行净（敬）匾仪式，员工会一起诵读《特别晨训》：

"志公雅之意，同仁初始创；怀仁德之心，承道自岐黄。供御药事君，炭炭而小心；献百草为民，兢兢为济世。两个必不敢，良方并良药；存心有天知，仁术共仁心。传承三百载，堂韵何悠悠……"

三块黑底金字的匾额也是大有来头——"同仁堂"三个字系已故书法家启功所书，两块副匾"灵兰秘授"和"琼藻新栽"系清朝某郡王所题。

在商号取名、开店、迎客、收徒、庆典、歇业等诸多环节都有类似的仪式，这对于加深职员对商号经营理念的理解，增进职员文化认同感具有重要意义。

传统商号的文化仪式具有严肃、持续、一致等三个特点。

（1）严肃。

文化仪式活动与被普遍认同的儒家伦理道德思想密切联系，文化仪式的举办场地、流程、内容、参加人员等具有严格规定和文化的象征意义。

（2）持续。

能坚持代际传承，保持对历史的尊重与延续，将文化精神视为比商业利益更高的追求，在动荡的环境下能够舍弃利益，坚守商号的"文脉"。

（3）一致。

对个人生活与营商坚持同样的道德标准，做事与做人的要求一致。

没有复杂的文化设计与运营策略，为什么当现代人提到老字号的时候都会赞叹其文化的深厚呢？仅仅是因为这些商号的背后有一段比较长的经营历史吗？

从《徽商古训》之中，我们似乎能够略有所悟。"诚""和""衡""信""需""均""真"，可谓大道至简，坚守这些简单道理，不以虚华欺世，恰恰是诸多商号能够成就百年事业的根基。

徽商古训

斯商：不以见利为利，以诚为利；

斯业：不以富贵为贵，以和为贵；

斯买：不以压价为价，以衡为价；

斯卖：不以赚赢为赢，以信为赢；

斯货：不以奇货为货，以需为货；

斯财：不以敛财为财，以均为财；

斯诺：不以应答为答，以真为答。

企业自身文化存在的特性与其所处文化环境的契合是传统商号能够建立内部文化认同的重要原因，简言之，传统商号文化是与儒家文化一脉相承的，外部环境为商号内部文化认同提供了充分的保障。"诚""信""义""仁""孝""恭""谦""俭""学"等是被当时社会所普遍认同的价值信条，商号结合自身的经营或有具体化的要求，但并没有提出与这些基本价值观念相冲突的信念或标准。如果是企业没有将自身的文化选择根植于被社会普遍认同的价值，这样的企业文化势必是孤立的，会让内部人员处于价值冲突之中，文化认同则难以建立。

在治理机制方面，行会为商号建立文化认同提供了重要支持。行规的作用在一定程度上大于政府的管理规定，因为触犯行规的人或者商号可能被永久驱逐出本行业。用经济学的思想来解释，就是行会与行规有助于商号自觉建立持续性的信用行为，减少投机获利的可能性，减少劣币驱逐良币事件的发生。

《同行商贾公议戥秤定规概碑》中记述："……年来人烟稠多，开张卖载者二十余家，其间即有改换戥秤，大小不一，独网其利，内弊难除。是以，合行商贾，会同集头等，齐集关帝庙，公议秤足十六两，戥依天平为则，庶乎较准均匀，公平无私，俱各遵依。同行有和气之雅，宾主无足束庚之情。公议之后，不得暗私戥秤之更换。犯此者罚戏三台，如不遵者，举秤禀官究治……"

《公议杂货行规碑》中记述：

①卖货不得包用，必要实落三分，违者罚银五十两。

②如有旧店换人名者，先打出官银五十两会行友，违者不得开行。

③卖货不得论堆，必要逐宗过秤，违者罚银五十两。

④不得合外分伙计，如违者罚银五十两。

⑤卖表辛不得抄红码，必须过秤，违者罚银五十两。

⑥不得沿路会客，如违者罚银五十两；落下货本月内不得跌价，违者罚银五十两。

⑦不得在门口拦路会客，任客投主，如违者罚银五十两。

⑧银期不得过期，如违者按生意多寡出月利。

⑨不得假冒姓名留客，如违者罚银五十两；结账不得私让分文，如让者罚银五十两。

⑩不得在人家店中勾引客买货，如违者罚银五十两。

⑪卖货水湿破烂必要依时价公除。

……

2.3　新中国成立后学徒制的探索

新中国成立以后，学徒制由以行会和商号为主导的民间行为转为以政府为主导的国家行为，随着劳动力市场结构及企业所有制结构的转换，公办学徒制发展主要经过以下三个阶段：20世纪50年代的快速发展、20世纪70—80年代的调整、20世纪90年代的停滞。

1. 20世纪50年代的快速发展

新中国成立以后，高速发展的工商业需要大批的技术技能人才，而国家在短期内难以建立完善的院校培养体系（见表2-2），学徒制成为解决人才供给问题的主要途径。1950年国家出台《关于开展职工业余教育的指示》，明确企业可以采用订立师徒合同的形式培训职工，使传统学徒制在新中国得以保留和完善。当时的学徒期一般是3年，在取消旧社会学徒制相关剥削性习俗的同时，政府部门提高了对学徒的待遇及福利保障。

表2-2 20世纪50年代职业技术学校发展情况表（魏朋，2011年）

年份/年	学校数/所	招生数/万人	在校生数/万人	校均规模/人
1949	3	—	0.27	90 000
1951	12	0.45	0.64	53 333
1952	22	1.15	1.50	68 182
1953	35	1.50	2.35	67 143
1955	78	3.40	4.81	61 667
1956	212	9.12	11.09	53 211
1957	144	1.41	6.66	46 250

1956年以后，在工业建设跃进式发展的背景下，技术技能型劳动力严重不足，大批企业招收学徒，多数学徒期限不足1年，同时提高津贴待遇。虽然在一定程度上缓解了人才供给压力，但是学徒技术不精、师徒关系紧张、轻视劳动的观念加重等问题同样涌现出来。1957年的工资改革方案不再将学徒期限作为考察条件，只看技术标准和学徒技术水平等级，进一步加重了相关矛盾。在此背景下，1957年国家发布《关于学徒（练习生）是否按期转为正式工人问题的通知》，明确要延长学习期限。1958年《关于国营、公私合营、个体经营的企业和事业单位的学徒学习期限和生活补贴的暂行规定》要求学徒期限一般是3年，最低不少于2年，同时对转正后的工资进行了要求，即第1年参照本单位职员最低工资标准执行。

20世纪50年代的企业学徒制培训提供了90%的劳动力供给，技工学校并非是主流。学徒制培养形成了"干中学、学中干、边干边学、因材施教、理论与实际相结合、学以致用"的教学理念，以及"师傅干、学徒看（学）；师傅指导、学徒干（做）；学徒独立干，逐步由会到熟练"的技术传授过程。

2. 20世纪70—80年代的调整

企业学徒制培养重实践轻理论的弊端在新的发展形势下日益突出，在解决劳动力供给问题的同时如何提升学徒培养质量成为彼时政策关注的重点。从 1978 年开始，职业学校探索"开门办学、厂校挂钩、校办工厂、厂带专业"的模式，坚持教学、科研、生产三结合的办校方针。1979 年发布的《关于进一步搞好技工培训工作的通知》提出要做好学徒培训工作，并且要求不少于 1/3 的时间。1980 年《关于转发全国劳动就业会议文件通知》首次提出企业用工以"经过职业训练的毕业生为重点"，表明职业人才培养开始由以企业学徒制为主转为以院校为主。1981 年《关于加强和改进学徒培训工作的意见》提出要"改进培训，加强考核"。1983 年，当时的劳动部提出学徒制要改革，逐步将就业后培训改为就业前培训，即"先招生后招工，先培训后就业"。1986 年国家出台《国营企业实行劳动合同制暂行规定》和《国营企业招用工人暂行规定》，合同制用工成为主导方向，企业面向社会公开招聘，企业培训工人的积极性大为减弱。同一时期的职业技术学校发展迅速，为社会发展提供了大批高级技术人才（见表 2 - 3），这在一定程度上弱化了企业学徒制的意义。

表 2 - 3　20 世纪 70—90 年代职业技术学校发展情况（魏朋，2011 年）

年份/年	学校数/所	招生数/万人	在校生数/万人	校均规模/人
1978	2 103	25. 7	38. 20	182
1980	3 305	33. 12	70. 04	212
1982	3 367	20. 35	51. 20	152
1984	3 465	31. 07	62. 77	181
1986	3 765	39. 38	89. 15	237
1988	3 996	46. 14	116. 08	290
1990	4 184	50. 4	133. 17	318
1992	4 392	60. 2	155. 60	354
1994	4 430	71. 4	187. 10	422
1996	4 467	75. 9	191. 80	429

3. 20 世纪 90 年代的停滞

进入 20 世纪 80 年代末期，国家集中研讨学徒制改革问题，1989 年《学徒培训制度改革座谈纪要》提出学徒制改革的方向是现代学徒制，即"逐步实行学校（培训中心）和企业相结合的培养学徒的方法"。但是，社会主义市场经济改革在 1992 年开始全面启动，现代学徒制在企业转制过程中已经难以找到生存空间。中国的学徒制培养模式进入了发展的停滞期。

2.4　学徒制的新气象

宏观政策对学徒制仍然缺少充分的重视。《国务院关于加快发展现代职业教育的决定》（国发〔2014〕19 号）在关于推进人才培养模式创新的表述中，提及要推进现代学徒制试点。《教育部关于开展现代学徒制试点工作的意见》（教职成〔2014〕9 号）虽然提出了系统的框架，但具体政策却迟迟没有出台。

在地方和企业层面，学徒制一直是技术技能人才培养的重要方式，除了企业沿袭学徒制传统之外，近些年涌现出颇具时代特色的新气象。

专业化中介服务机构的出现弥补了政策缺位形成的空白，丰富了学徒制社会化培养体系，在弥合校企沟通差距方面成为重要力量。例如我们的合作企业深圳百果园公司为了打造从"招生—培训—实习—就业—店长期权—创业"的成功通路，与南昌味粽创业学院和江西省内高校合作，联合推出"百果园—中国好店长"定向班项目，持续培养了一批适合深圳百果园公司发展需求的店长人才（见图 2 –5）。

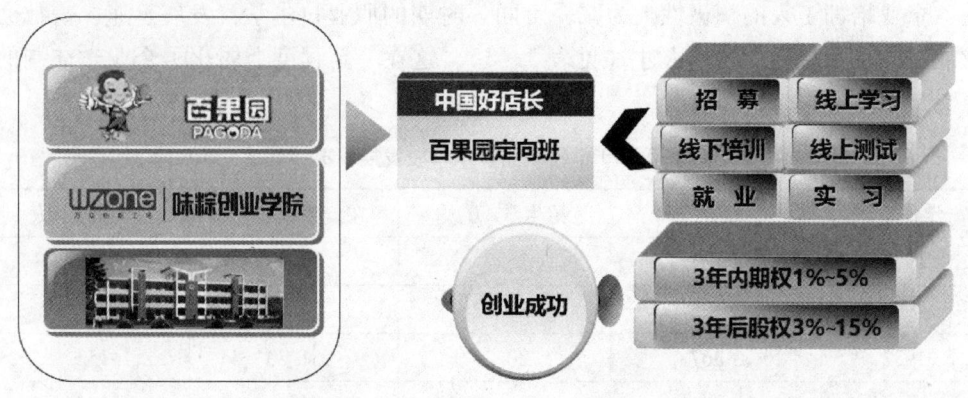

图 2 –5　百果园—中国好店长培养项目

职业教育集团逐步成为破除现代学徒制发展壁垒的体制创新点，出现了昌平职教集团、联想职教集团、中国北方现代林业职业教育集团、青岛西海岸职业教育集团等典型案例。2015 年教育部《关于深入推进职业教育集团化办学的意见》（教职成〔2015〕4 号）提出到2020 年，初步建成 300 个具有示范引领作用的骨干职业教育集团，浙江、河南、湖南等多省出台了关于支持职业教育集团化发展的地方政策。职业教育集团逐渐成为中国职业教育改革的引领者。譬如：联想教育以中国职业院校的现状和需求为出发点，结合联想企业优势，在学生服务方面，形成了以"行业权威的认证体系""基于岗位的课程体系""软硬结合的'跨界'培养模式""多阶段、闭环式的'双师'培养""工业化标准的实训中心""'校中企'的企业业务平台"为特色的，涵盖中职、中高职衔接、高职的现代学徒制的应用型人才培养模式（见图 2 –6）；在教师服务方面，将联想企业管理实践与院校管理实践相结合，搭建了从校长、中层、班主任教师的"文化内涵建设"服务。

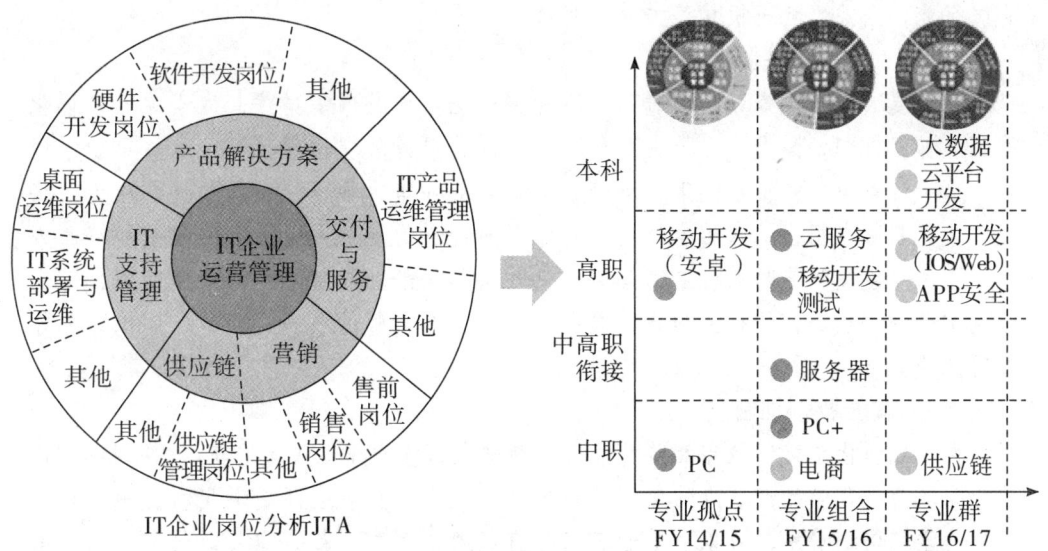

图2-6 联想职业教育集团为学生提供的服务

地方政府在推进学徒制培养方面发挥了更积极的作用，适应时代特点的现代学徒制制度保障体系出现端倪。例如，浙江省教育厅2016年2月出台了现代学徒制试点的指导意见，对如何保障现代学徒制试点，提出了如下构想：

关于开展现代学徒制试点工作的通知（节选）
浙教职成〔2016〕31号

……

三、保障措施

各地要为现代学徒制试点工作提供组织、政策和经费等保障，确保试点工作顺利进行。

（一）加强组织领导

各地和有关高职院校举办单位要加强试点工作组织保障，建立跨部门的试点工作领导机构，统筹协调、合理规划区域试点工作，共同制定本地区现代学徒制试点实施办法，定期会商和解决有关试点工作重大问题，将现代学徒制试点实施情况纳入各级政府对相关部门开展的年度目标考核体系中。发改、国资、经信、人力社保等部门要加强对有关企业特别是国有大中型企业的协调与沟通，积极鼓励并支持推荐一批企业参与现代学徒制试点。财政部门要建立生均经费制度，健全学徒制试点工作资金筹措机制，激发企业在现代学徒制试点中的积极性和能动性。人力社保部门要在双导师队伍建设、实践基地建设等方面给予政策保障与支持。教育和人力社保部门要督促职业院校开展现代学徒制试点，会同相关部门对试点工作进行监督、检查与绩效评估。各试点学校要建立试点工作领导小组，落实责任，主动加强与政府、行业、企业、科研机构等方面的联系与沟通。

（二）加大政策扶持

各地要通过财政资助、政府购买服务、职业培训补贴等措施，探索建立多样化的利益补偿机制，激发、引导企业和职业院校积极开展现代学徒制试点。要积极探索，给予试点单位在招生政策、培养方案、毕业核审、师资配备上的更多权力，将现代学徒制试点招生纳入招生计划，允许不同特点的生源采用不同的学制和培养方案。要保障学徒和导师的权益，落实学徒的责任保险、人身意外伤害保险等，落实参与学徒制试点工作的企业师傅、兼职教师和学校教师的收入、职称、评优评先等各项待遇。

（三）健全投入机制

在建立现代学徒制试点利益补偿机制基础上，探索建立人才培养成本分担机制，使企业成为现代学徒制试点的主体实施者和受益者。企业在开展现代学徒制过程中产生的学徒培训费用，可以从企业职工教育经费中列支；符合有关政策规定的，由政府提供职业培训和职业技能鉴定补贴。承担带徒任务的企业导师享受导师带徒津贴；符合有关政策规定的，由政府对特聘兼职教师给予一定的补贴。企业对学徒开展在岗培训、业务研修等企业内部发生费用，符合有关政策规定的，可从企业职工教育经费中列支。

（四）加强督导与评估

开展试点的职业院校和企业，要按照试点工作任务与内容要求，形成具有可操作性的试点项目实施方案。各地和有关举办单位要积极组织、选择推荐一批职业院校和企业（行业）开展现代学徒制试点，建设一批适合现代学徒制培养的专业。省教育厅将会同相关部门，组织专家对各地的典型经验及时进行总结推广，同时对各地和各高职院校试点工作进行定期监督检查，并将督查结果列入教育科学和谐发展考核和高职教学业绩等有关考核中。

（五）加强宣传沟通

搭建"家校企"信息沟通平台，加强学徒、家长、学校、企业（行业）间的沟通。加强职业指导与规划，增进家长、学徒对试点专业及企业岗位的了解和支持，形成现代学徒制试点的良好社会氛围。

3　零售店长的社会生态

缺少文化标准与组织体系的从业者是难以与职业化联系起来的，无论是对于从业者，还是对于从业者所在的行业，无序化的状态没有什么质量可言，更不要说什么工匠精神了。当我们对欧洲满是文化气息的店铺赞誉有加时，还应该看到这些店铺背后职业化的店长人才培养、服务、组织与自律体系，还要看到社会对这个职业的尊重。在中国，伴随二十几年零售连锁业的迅猛发展，零售店长成为一个庞大的群体，但其社会生态环境不容乐观，这直接影响了行业应对变革的能力，影响了消费体验，影响了我们的生活。高职院校现代学徒制改革中，需要突破传统的人才培养惯式，借鉴传统学徒制发展的经验，在现代学徒制保障服务和文化引领方面有更积极的行动。

3.1　零售店长社会生态结构

职业店长的概念与店长的概念有本质的区别，店长是一种岗位，而职业店长是从事店长工作选择的一种社会状态。职业店长所体现的是具有相对独立性的工作特点、以稳定形式社会系统，包括职业文化、习俗、法律法规、组织团体、服务机构等。职业店长社会生态结构示意图见图3－1。

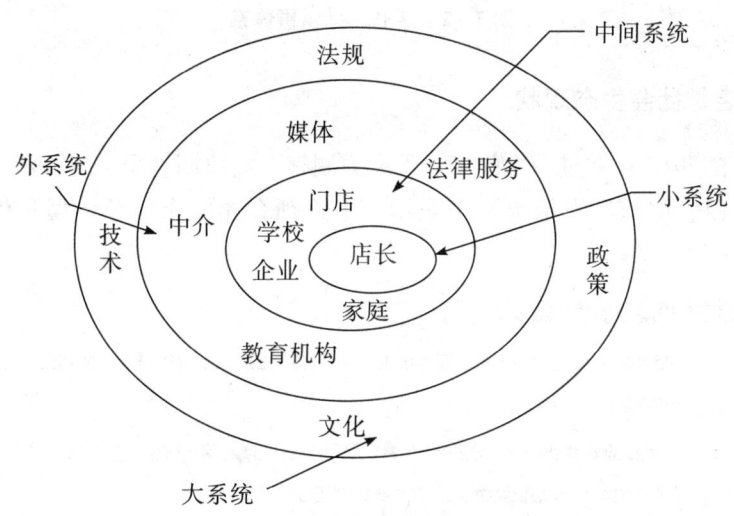

图3－1　职业店长社会生态结构示意图

借用社会生态系统的分析框架，店长工作的从业人员构成了小系统，店长所在的门店、企业、家庭等构成了中间系统，提供相关服务的中介机构、教育机构、媒体等构成了外系统，文化、政策、技术、法规等则是店长所处的大系统。

从店长人才供需关系角度分析职业店长社会体系，如图3－2所示，需求主要来自雇佣和创业（自我雇佣），培养服务体系、保障服务体系和文化体系构成了店长人才的供给系统。在供给侧，影响店长人才成长和发展的文化力量来自商业和社会两个方面，店长群体也会反作用于文化系统；除企业直接对雇员进行培训外，学校和培训机构是培养服务的主要提供者，其服务内容主要包括教学和储备人才选送；保障服务来自政府、中介服务机构、学校等，提供的保障服务内容包括征信、金融、援助等。

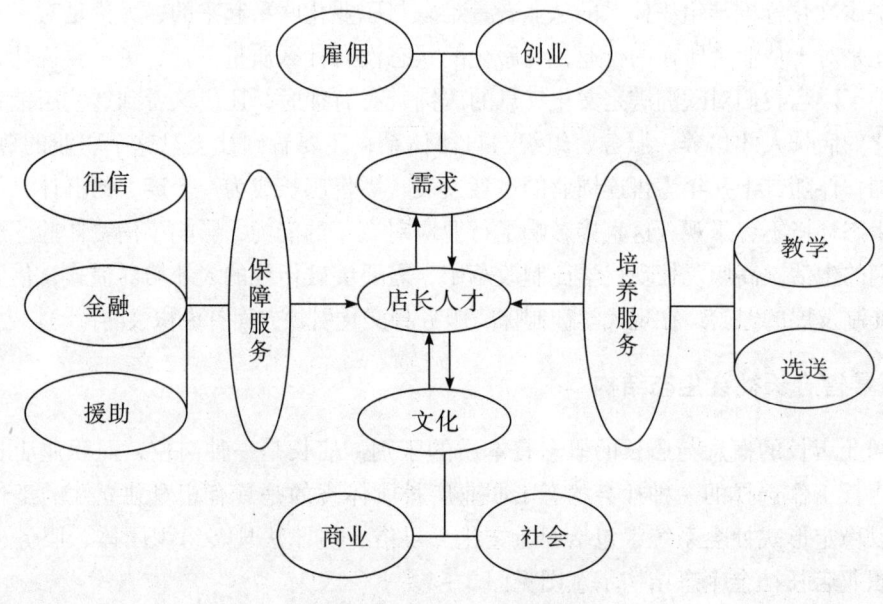

图 3－2　店长人才供需体系

3.2　零售店长社会生态现状

联商网在 2014 年做过一次门店增长潜力调查，此项调查用高增长潜力门店占总体的比重（门店增长潜力指数）来表示一个连锁企业门店的整体增长潜力，见图 3－3 和图 3－4。

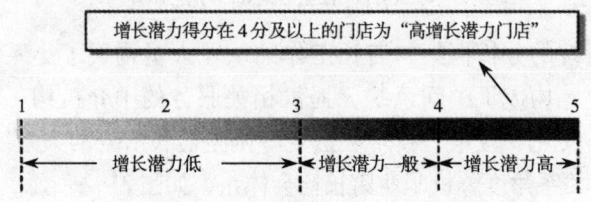

图 3－3　门店增长潜力指数计算方法

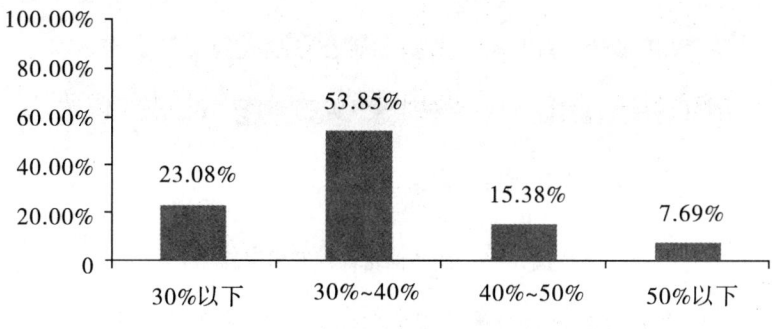

图 3 - 4　对门店增长潜力的判断

　　调查结果显示，对于大部分企业来说，具有高增长潜力水平的门店占比未能达到 50%。约 2/3 门店表示，无论是与门店自身的业绩目标要求相比，抑或是与竞争对手相比，当前表现均未达到理想目标，凸显了连锁企业逆市增长的压力。

　　在此次调查中，一方面 46% 的企业认为，与普通店长相比，高绩效店长所在门店的产出水平高出 30% ~ 50%，此外，对于 15.38% 的企业来说，这种差距更达80% 以上。另一方面，企业指出店长的绩效水平不仅反映在对门店业绩与利润创造的贡献上，其对门店运营效率、团队塑造、人员激励与保留、市场策略落实、制度建设等方面亦发挥着重要的影响作用。这些数据表明作为基层管理人员代表的店长在连锁企业门店业绩增长中扮演着非常重要的角色。但是，店长所处的社会生态如何呢？

- 大部分家庭仍然认为孩子大学毕业后去零售门店工作是不体面的。
- 大部分的零售门店缺少服务体验，更缺少文化内涵。
- 零售行业店长的平均月薪在 6 500 元左右，九成便利店店长的平均月薪低于 5 000 元。
- 超过一半的店长对目前的薪资表示不满意。
- 将近 40% 的店长有跳槽的打算。
- 将近 25% 的店长表示如果重新择业，不会选择零售业。
- 64% 的店长觉得没有时间跟家人相处。
- 90% 的店长没有时间（或由于其他原因）锻炼身体。
- 普遍认为缺少学习交流、同行交流和升职加薪的机会。
- 10% 的店长一个月没有一天休息。
- 60% 的店长下班后的主要休闲活动是上网。
- 将近 70% 的店长年龄在 25 ~ 35 岁。
- 没有专门针对店长群体的社会组织。
- 没有专门针对店长群体的从业规范。
- 店长人才储备有较大的随意性和无序性（见图 3 - 5）。

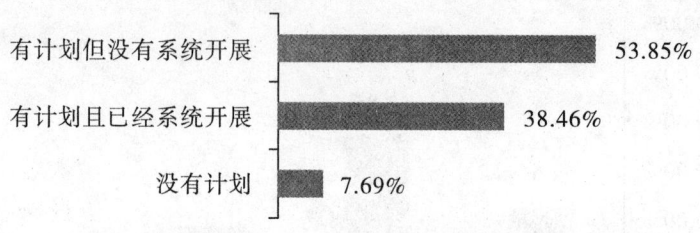

图3-5 店长储备计划开展情况

- 六成以上连锁企业缺少明确适用的店长人才标准（见图3-6）。

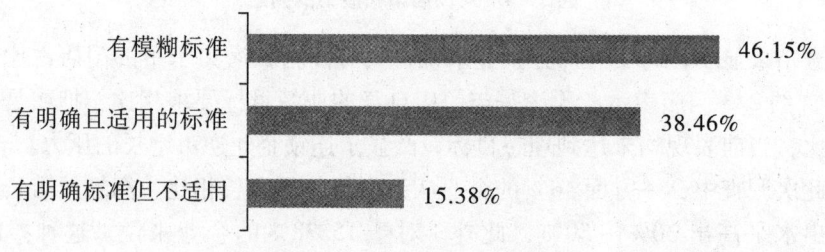

图3-6 店长人才标准建设情况

- 企业对店长人才外部获取机制建设工作没有充分重视（见图3-7）。

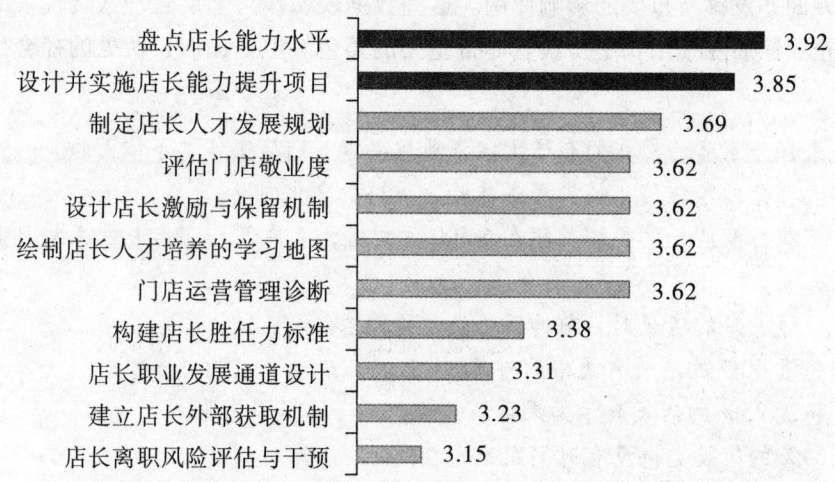

图3-7 店长人才供应链各项工作重要性评分

（注：以上数据主要来自联商网关于零售店长生存状况的调查报告.)

据广东省连锁经营协会发布的《2015年广东省连锁企业五十强企业榜单》，2005年广东省连锁企业50强的门店数是75 605间。以每间店有一位店长计算，单单广东省连锁企业50强就有至少75 605位在岗店长，据此可以推测，全国店长从业人员的规模是何其庞大。上述现象也表明，这些对数以万计门店业绩具有重要影响的店长，他们所处的社会生态环境令人忧虑。

与无序的店长社会生态并行的是对零售业的挑战。

2015 年，在广东佛山，有几位"80"后创业者创立了"F5 未来商店"。走进这间 F5 未来商店，乍一看像是几台自动售货机，但它们售卖的可不只是冷冰冰的零食和饮料。按一下按钮，不到 30 秒即可买到一份热腾腾的熟食；吃完之后还有自动清洗碗筷的服务。出货、销售、烹煮甚至清洁都全部由三位机器人来完成。这间门店里所有的设计、工艺、机器人，都是创业团队自己制作。每一个窗口由一个机器人负责把守，客户下单后机器人接到指令会在货架筛选商品，并推送到取物口由顾客自取。F5 未来商店的创始人徐海成透露，机器人的系统是一体的，几乎全部可以用手机操作。市场上的机器人造价一般在 15 万元左右，但这间商店的机器人价格控制在 10 万元以内。一个 70～100 平方米的社区门店，可存商品量是 1 000 种约 6 000 件，标准配置是 5～7 个工人，前期启动资金约 60 万元，总费用至少是这类无人商店的 2～3 倍。

F5 未来商店发展前景如何还不好判断，但它代表的零售门店演进趋势却已得到普遍认同。面对未来的变化，零售连锁企业准备好了吗？技术变革催生零售连锁业内部革新，在变革的时代，店长的社会生态能否有根本转变将是零售行业能否实现成功转型的决定性因素，这不是个别企业能独立完成的，而是需要基于对零售店长职业认同的多方努力。

3.3　高职院校在店长社会生态中的责任

改善店长的社会生态可以成为中国零售业革新的切入口，高职院校参与这项事业是责任所在，也是高职院校相关专业发展的重要机遇。

1. 建立店长储备人才的选送机制

如前所述，企业尚未建立从外部培养店长储备人才的机制，而高职院校在店长储备人才培养方面也没有建立系统化的架构和运行机制。如何整合企业、院校及相关服务机构的力量，建立具有示范意义的店长储备人才选送机制是高职院校可以深入探索的课题。国家关于现代学徒制和职业教育集团的支持政策为在该领域的尝试提供了条件。

2. 完善店长职业标准体系

关于店长职业标准的探索，企业、院校、行业协会及相关政府部门已经积累了一定成果，但缺少系统性，现有职业标准因为没有充分体现行业特点，在适用性方面也比较差。在如何与国际零售业发展趋势对接、如何体现技术进步、如何发扬民族文化等方面没有针对性的设计，配套职业标准的宣传、教育、推广体系薄弱。而高职院校具备教学、研究与国际合作的优势，在店长职业标准体系建设上大有施展空间。

3. 推动建设店长人才从业规范与行业自律机制

国家和地方出台了具有指导意义的规范，例如商务部的《零售药店服务规范》、青岛市的《连锁商业零售业服务规范》，这些规范对指导行业、企业及从业人员提升自身服务质量具有重要意义。虽然企业有关于店长行为规范与岗位职责的规定，但目前还没有针对店长这一群体的专项从业规范，也没有建立适合该群体的自律机制，这是制约店长职业化发展的瓶颈。高职院校不是行业管理机构，但可以凭借高校在社会秩序建立中的独特地位，为建立店长人才从业规范与自律机制，在研究上做支持，在舆论上鼓与呼。

4. 参与店长人才保障服务体系建设

征信、金融和援助是店长人才保障服务体系的基本内容，可以说，三项内容在当前都近乎空白。征信服务缺失，会阻碍店长人才的社会流动，同时也会增加企业用人风险和成本；金融服务缺失会阻碍企业与学校参与联合培养店长的积极性，在联合培养过程中，资金伴随人才流动而流动，金融服务有介入的机会与空间，但该类服务还处于探讨层面；面向店长的法律、救济、担保、继续教育等服务援助不到位，大大制约了店长群体可持续发展能力的提升，降低了店长从业岗位在就业市场的吸引力。高职院校向社会输送的店长储备人才是店长群体中的"潜力股"，在职业或创业方向上具有更好的前景。为毕业生提供相关服务是高职院校在促进终身教育体系建设中的基本责任，高职院校也有可能在店长人才保障服务体系建设方面探索出值得推广的经验模式。

5. 传播职业店长文化

文化传播是高校的历史使命，甚至可以说是终极使命。中国高职院校长期以来重视技能训练而轻视文化传播，这是严重背离教育本位的。数以千万计的店长，星罗棋布的门店，他们在社会文化形成与传播中的作用是巨大的、深远的。高职院校在培养店长人才技能的同时，不仅要使他们具有可雇用能力，而且要引导他们成为文化的使者。为此，师资、课程、实训基地、校园环境等方面需要被赋予文化内涵，发挥文化育人的功能。

4 英国零售店长学徒制略述

据加拿大生活水平研究中心（Centre for the Study of Living Standards，CSLS）对德国、美国、澳大利亚、法国、英国、爱尔兰等国的学徒制实践进行的比较，将这些国家的学徒制分为盎格鲁撒克逊系统（Anglo - Saxon systems）和北欧系统（Northern European systems），英国是盎格鲁撒克逊系统的代表，德国是北欧系统的代表。德国学徒制属于需求引导型的产业共识机制，学徒制被整合进入普通教育，有一致的标准体系，学徒培养质量为世界公认；英国学徒制属于供给引导型的准市场机制，通过加强学徒制与高等教育的联系（即升学），鼓励学生参与。德国学徒制固然有所谓的"黄金标准"，但对于时下的中国职业教育而言，可望而不可即。比较而言，英国学徒制对中国更有借鉴的可行性。

4.1 英国学徒制概况

国泰安职业教育与产业发展研究院发表的《英国现代学徒制解析》对英国学徒制进行了细致梳理。学徒制一直是英国工作本位职业教育的典型形式。在过去几百年的时间里，英国学徒制几经沉浮，也曾一度衰落，但是英国人依然没有忘记学徒制。第二次世界大战后，由于英国经济社会发展相对迟缓，再加之德国双元制的成功，英国开始探索本国学徒制的改革发展。从20世纪60—70年代开始现代学徒制探索，到20世纪90年代初期实施崭新的学徒制改革计划，构建自己的现代学徒制，再到21世纪初对现代学徒制进行革新，英国现代学徒制逐步健全、完善，成效显著。

英国的学徒制体系与英国的国家职业资格（NVQ）制度紧密结合。NVQ制度开发于1988年，其目的是规范工作中所需的技能、知识和理解力，促进终身学习，促进在工作现场进行的能力本位考核。它的框架共分为五个等级，各级的能力标准及相应职务见表4-1。

表4-1 英国NVQ等级

等级	能力标准	相应职务
1级	有能力从事日常工作活动，具有一定范围内从事常规的，可预测的工作活动的能力	半熟练工
2级	有能力从事活动，包括一些非日常性的并需要有个人责任的活动；具有在较大范围和变化条件下从事一些复杂的、非常规的工作活动的能力；负一定的责任和有一定的自主权，并能与工作中的其他成员进行合作	熟练工

续上表

等级	能力标准	相应职务
3级	有能力在不同条件下从事一系列复杂的、非日常性的、需要为自己和他人负责任的活动；具有在广泛领域从事各种复杂多变的、非常规的工作活动的能力；负有相当的责任和具有相当的自主权，经常需要对他人的工作进行监督和指导	技术员、技工、初级管理人员
4级	有能力在较广的范围内、各种不同的条件下从事一系列复杂的、技术性的或专业性的工作活动，并能为自己、他人和资源的分配负有较大的责任，具有在广泛领域从事技术复杂、专业性强、条件多变的工作活动的能力，负有很大的个人责任和具有很大的自主权，通常需要对他人的工作和资源的分配负责	工程师、高级技术员、高级技工、中级管理人员
5级	有能力从事一份高级的职业，能在广泛范围内、难以预测的条件下应用大量基本原理和技术；具有极大的个人自主权，经常对他人的工作和重要资源分配负有重大责任，并具有个人独立分析、决断、设计规划、实施和考评工作结果的能力	高级工程和工程师

NVQ 是英国职业教育的核心，当前的学徒制体系也紧紧结合这一体系开展。经过多次改革、调整后，当前英国学徒制的结构分为五个层次（见图 4-1），它们与 NVQ 之间存在一定的对应关系（见表 4-2）。

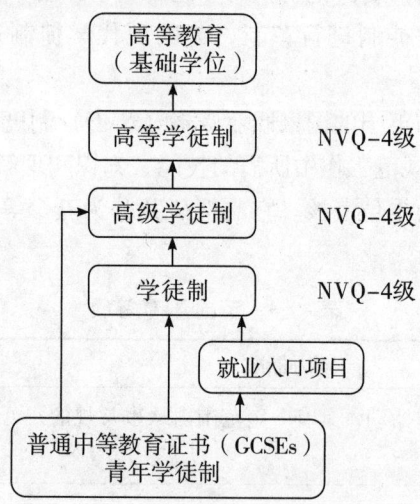

图 4-1 英国现代学徒制基本结构

表4-2　英国现代学徒制基本结构说明

学徒制层次	面向对象	基本情况	对应的 NVQ 等级
青年学徒制	14~16 岁青年	一周可以有两天在工作场所学习行业知识，为能力强、兴趣高的学生提供"高质量"的学习机会	
前学徒制	未能为学徒制做好准备的年轻人	主要指的是"就业入口（Entry to Employment，简称 E2E）"项目	1 级
学徒制	16 岁以上而不在非全日制教育机构学习的人	替代原来的基础学徒制，包括 NVQ，关键能力和技能证书	2 级
高级学徒制	获得五个普通中等教育证书（GCSE）C 等或以上成绩者或是学徒制的完成者	替代原来的高级现代学徒制，包括 NVQ，关键能力和技能证书	3 级
高等学徒制	完成高级学徒制或取得相关的高级水平证书	一项将学徒制与高等教育联系起来的试点项目，可获得基础学位	4 级

目前，青年学徒制项目和前学徒制项目只是正式学徒制前的准备项目，属于"准学徒制"性质，因而英国正式的学徒制主要还是指学徒制、高级学徒制和高等学徒制三种层次的学徒制。

当前英国的学徒制涵盖十大领域：

■ 艺术、媒体与出版

■ 农业、园艺及动物养护

■ 商业、行政管理与法案

■ 教育与培训

■ 建筑、规划与环境

■ 保健、公共服务与护理

■ 工程与制造技术

■ 休闲、旅游与观光

■ 信息与通信技术

■ 零售与商业

每一个大领域包含若干子领域，每个子领域又包括若干职业岗位。首先，学徒制类型的划分是按子领域进行的；其次，再依据子领域中的职业以及相应的国家职业资格层次划分学徒制的对应层次；最后，以某一子领域中的某种层次的项目来确定学徒制项目的形式。

英国现代学徒制的组织管理架构由四个层面组成：创新、大学与技能部以及儿童、学校与家庭部总体负责学徒制改革；学习与技能委员会、行业技能开发署与行业技能委员会以及资格与课程署分工负责各学徒制项目的开发与管理；由各个学习与技能地方委员会及各颁证机构在地方层面具体管理学徒制的实施；教学培训最终则由培训机构与企业共同承担，具体见表4-3。

表4-3 英国现代学徒制组织体系

层面	相关机构	主要职责
总体负责	创新、大学与技能部，儿童、学校与家庭部	共同对英国学徒制改革的政策和进度负有总体开发和评估的责任
项目开发与管理	学习与技能委员会	是受英国创新、大学与技能部和儿童、学校与家庭部联合管理的非部委公共机构，包括国家办公室、国家合同服务机构和47个学习与技能地方委员会；负责制定学徒制的政策和执行方针，向青年和企业宣传学徒制，并通过47个地方委员会对学徒制进行拨款和管理
	行业技能开发署行业技能委员会	负责开发国家职业标准（National Occupational Standards，简称NOS），起草和批准职业的学徒制教学培训框架，并设计技术证书
	资格与课程署	是下属于儿童、学校与家庭部的非部委公共机构；负责资助职业标准的开发，审批NVQ证书、技术证书和关键技能证书的颁证机构，确定关键技能要求的内容
实施管理	学习与技能地方委员会	管理学徒制经费，通过招标分配经费
	颁证机构	对学徒制教学培训框架中要求的各种要素进行认证
具体实施	培训机构	指的是包括继续教育学院在内的各公立或私立培训提供机构，它们首先要在学习与技能委员会注册，并获得批准；主要职责是招募提供学徒制的企业和参加学徒制的青年，提供学习帮助和评估
	企业	招募学徒，提供在岗培训和督导，并支付工资

每一个学徒制项目都有一个教学培训框架。该框架是由行业技能委员会与企业根据国家职业标准联合开发、确定的，它是对学徒学习内容和标准的基本规范。企业和培训机构必须提供框架里的所有要素，才能得到政府的学徒制拨款。所有学徒也必须满足框架里的所有要求，才算完整地完成了学习培训。各行业的各个学徒制项目的教学培训框架具体内容虽不同，但所有框架都包括了三大要素。

①能力要素：其形式是NVQ。它的内容主要由行业技能委员会、相关行业机构以及企业来决定，评估方法则由行业技能委员会和资格与课程署合作决定，也会根据需要适当加入一些知识要素。

②知识要素：其形式是技术证书。它确保学徒获得必要的理论基础知识。知识要素通常由行业技能委员会和行业机构决定，并经职业资格与课程署同意的方式，单独评估。它既可以单独进行认证，也可以把它作为能力要素的一部分进行认证。

③关键技能：又称核心技能或可迁移技能，包括六类，即交流、数字应用、信息通信技术、与他人合作、学习与业绩的自我提高以及问题解决。

对学徒的教学培训由培训机构和企业合作实施，通常是由培训机构来寻找合作的企业。一般，培训机构向企业派出一名代表来帮助企业开发、开展学徒制。学徒制岗位确定后，企业或培训机构便可对外发布招聘广告。学徒申请是全年开放的，申请者可以随时申请，但申请者需要面试，甚至要参加考试。

企业里的培训由企业负责，学徒跟随有经验的员工学习岗位技能，企业通常会安排一位经理在学徒的学习全过程中提供帮助。学徒还要在培训机构接受普通文化知识和基本理论培训，培训机构为每个学徒指定的导师会全程跟踪学徒的学习进展，并随时解决各种问题。

学徒完成学习培训的时间并不固定，它是根据学徒是否达到了教学培训框架中规定的能力要求，即取得相应的认证来确定的。实际上，学徒完成学习培训的时间取决于学徒个人的能力以及企业的要求两个方面，通常为1～4年。

通过学徒制，英国学徒可以获得学徒制框架里所规定的各类认证，主要包括三类：国家职业资格（NVQ）、技术证书和关键技能资格。这些证书的取得并不完全依赖于正规的书面考试，许多颁证机构采用的是能力本位的考试方式，即考试就在工作场所进行，包括在工作场所观察学习者在自然工作状态下的工作表现，在工作场所内对学习者的工作表现有重点有选择地加以考察，以及在模拟的工作情境中对学习者进行能力测试、技能测试、熟练度测试和指定作业等。在进行评定时，颁证机构一般对学徒采取多种方法进行多次评定，以求获得最可信的工作能力证明，判定一个人能否在各种变化着的工作环境中完成任务。另外，对先前学习的认可，也被广泛地运用到资格认定中，这样学徒就可以避免重复的培训和考评。

4.2　英国零售行业学徒制培训框架

通过英国的 AFO（Apprenticeship Frameworks Online）网站（www. afo. sscalliance. org）进入 Frameworks Library，以"retail"和"apprenticeship"为关键词进行检索，检索到 43 份与零售学徒有关的框架标准。这些标准中有针对门店从业人员的，也有针对楼面经理、部门经理、区域经理、督导等岗位的，可见英国学徒制框架标准的多层次性。因为英国学徒制是鼓励民间参与的，所以同一级别的标准可能有来自不同开发机构的多种版本。以零售管理高级学徒（4 级）为例，一份完整的框架标准包括以下各部分。

1. 概要

零售管理高级学徒概要如图 4 - 2 所示。

Framework summary

Higher Apprenticeship in Retail Management Level 4

Higher Apprenticeship in Retail Management

This framework includes information on Personal Learning and Thinking Skills

Pathways for this framework at level 4 include:

Pathway 1: Retail Management

 Competence qualifications available to this pathway:
  C1 - Level 4 Diploma in Retail Management (QCF)
 Knowledge qualifications available to this pathway:
  K1 - Level 4 Diploma in Retail Knowledge (QCF)
 Combined qualifications available to this pathway:
  N/A
 This pathway also contains information on:
  • Employee rights and responsibilities
  • Functional skills

图 4 - 2　零售管理高级学徒概要

2. 基本信息

零售管理高级学徒培训框架基本信息如图 4 - 3 所示。

Framework information

Information on the Issuing Authority for this framework:

Skillsmart Retail UK Ltd

The Apprenticeship sector for occupations in retail.

Issue number: 1	**This framework includes:**
Framework ID: FR02033	Level 4
Date this framework is to be reviewed by: 28/02/2015	This framework is for use in: **England**

Short description

The Higher Apprenticeship in Retail Management framework at Level 4 is designed to provide apprentices with the knowledge, skills and understanding they require to carry out their job

图 4 - 3   零售管理高级学徒培训框架基本信息

3. 学徒雇主信息

零售管理高级学徒雇主信息，如图 4 - 4 所示。

Contact information

Proposer of this framework

The Higher Apprenticeship in Retail Management is a project led by Newham College of Further Education in partnership with a consortium of providers and supported by Skillsmart Retail UK Ltd. This project is funded through the government's Higher Apprenticeship Fund. The Consortium has developed this framework using a number of mechanisms for engaging with its employers, including employer working groups, provider and college networks, associations and other bodies such as the National Skills Academy for Retail and awarding organisations.

A number of key employers were involved in the development of this framework for example: Aspers Casino, Kings Pet Shop,WH Smith etc

TCoes Department Store:
"After having had a look at the qualifications, the Higher Apprenticeship in Retail Management looks very interesting and stretching. The mandatory units would be very useful for us and the optional units cover the whole customer experience and this would also be very useful for us. Overall, it looks very good and I have in mind one of our staff members, who has been with us since school and is now 22 and has just been promoted to assistant manager, who this qualification would suit".

Halfords:

图 4 - 4   零售管理高级学徒雇主信息

4．培训目标

零售管理高级学徒培训目标如图 4 - 5 所示。

Purpose of this framework

Summary of the purpose of the framework

An Apprenticeship is a job with an accompanying skills development programme under an Apprenticeship Agreement designed by employers in the sector. It allows the apprentice to gain technical knowledge and practical experience, along with functional and personal skills required for their immediate job and future career. These are acquired through a mix of learning in the workplace, formal off the job training and the opportunity to practice and embed new skills in a work based context. This broader mix differentiates the Apprenticeship experience from training delivered to meet narrowly focused job needs.

Prior to commencing an Apprenticeship, there must be an Apprenticeship Agreement between the employer and the apprentice. This can be used to reinforce the understanding of the requirements of the Apprenticeship.

On completion of the Apprenticeship, the apprentice must be able to undertake the full range of duties, in the range of circumstances appropriate to the job, confidently and competently to the standard set by the industry.

The Retail Industry

图 4 - 5　零售管理高级学徒培训目标

5．申请条件

零售管理高级学徒培训申请条件如图 4 - 6 所示。

Entry conditions for this framework

There are no mandatory entry requirements for this Apprenticeship framework.

Apprentices must have significant experience of working at a supervisory level to ensure that they have the necessary foundations on which to further build their knowledge, experience and skills. This can be demonstrated by a portfolio of evidence to show that they have the potential to complete the Apprenticeship.

Examples of entry conditions for this pathway include:

- Advanced Level Apprenticeship in Retail Management Pathway; OR
- Advanced Level Apprenticeship in Visual Merchandising or Sales Professionals; OR
- A range of vocational qualifications related to the Retail industry; OR
- Advanced Level Apprenticeship in Management; OR
- Achieved GCSEs or A levels.

Initial Assessment

Training providers and employers will use initial assessment to ensure that applicants have a

图 4 - 6　零售管理高级学徒培训申请条件

6. 资格证书

零售管理高级学徒培训资格证书如图 4 – 7 所示。

Qualifications

Competence qualifications available to this pathway

C1 - Level 4 Diploma in Retail Management (QCF)					
No.	Ref no.	Awarding organisation	Credit value	Guided learning hours	UCAS points value
C1a	600/9313/4	ABC	40	180	

Knowledge qualifications available to this pathway

K1 - Level 4 Diploma in Retail Knowledge (QCF)					
No.	Ref no.	Awarding organisation	Credit value	Guided learning hours	UCAS points value
K1a	600/9101/0	ABC	50	180	

图 4 – 7 零售管理高级学徒培训资格证书

7. 通用技能

零售管理高级学徒通用技能如图 4 – 8 所示。

Transferable skills (England)

Functional Skills / GCSE (with enhanced functional content) and Key Skills (England)

Apprentices must complete or have completed one of the English transferable skills qualifications and one of the Mathematical transferable skills qualifications listed below in order to successfully complete their Apprenticeship and this will carry the QCF five credit values. If they do not have these qualifications as part of their evidence an Apprenticeship certificate cannot be awarded.

English	Minimum level or grade	Credit value
Functional Skills qualification in English	N/A	
GCSE qualification in English (with enhanced functional content)	N/A	

achieved before September 2012 and within the 5 years immediately prior to starting an Apprenticeship.

**achieved before September 2012, otherwise at any time prior to starting the Apprenticeship.*

图 4 – 8 零售管理高级学徒通用技能

8. 进阶路线

零售管理高级学徒进阶路线如图 4-9 所示。

Progression routes into and from this pathway

This process will identify prior qualifications and experience which may count towards achievement of the framework. Where this is the case, apprentices will be encouraged to undertake "new learning" at a higher level and develop new skills

- Level 3 Advanced Apprenticeship in Retail
- Achieved QCF Certificates or Diplomas at Level 3 and above in Retail or Management
- achieved a (14-19) Foundation or Higher Diploma with underpinning Management and Leadership themes
- achieved GCSEs or A Levels
- Advanced Level Apprenticeship in Management;

图 4-9 零售管理高级学徒进阶路线

9. 雇员权利与责任

暂未发布相关内容。

10. 如何满足平等性与多元化要求

零售管理高级学徒培训平等性与多元化保障措施如图 4-10 所示。

How equality and diversity will be met

The diverse nature of retail has led to the component qualifications within the apprenticeship framework being developed to ensure flexibility and choice within the rules of combination. Similarly, the units have been written in collaboration with a partner Awarding Organisation to ensure that they are free from bias, accessible to all learners and applicable to a wide range of roles and businesses within the retail sector.

The framework has been developed in line with regulations set out in key equality legislation such as the Equality Act 2010. The delivery model focuses on a flexible approach for retail organisations, to cover all relevent shift patterns as well as enabling companies to integrate the qualification into existing training schemes. This approach is predicated on the use of retailers' in-house training programmes being mapped, according to strict quality assurance guidelines, against the competence and knowledge components of the framework.

The retail sector provides initial entry into the labour market for many young people and is an important employer for women and ethnic minorities.

图 4-10 零售管理高级学徒培训平等性与多元化保障措施

11. 线上与现下学习指导

暂未发布相关内容。

12. 个人学习与思维技能测评

暂未发布相关内容。

13. 雇主要求

暂未发布相关内容。

4.3 零售员和零售店长的学徒制标准

1. 零售员（Retailer）学徒制标准

零售员的主要工作是为顾客提供服务。零售员需要了解货品、顾客购买行为以及支付工具。零售员需要提供超过顾客预期的高质量服务，所以零售员需要具有这样的特点，即乐于直接接触广泛的人群，并且会因为得到对方的赞誉而感到愉悦。他们能够在精品店、连锁门店、超级市场、百货商场等零售企业工作，更专业的零售员可以胜任殡葬、园艺等方面的服务岗位，也可以利用电话、互联网、邮寄等形式提供服务。无论销售的是何种产品或服务，大多数的零售业雇主认为零售学徒应当掌握的知识、技能与行为规范是相同的。

表 4-4 零售员学徒制标准

类别	认识与理解 Knowledge & Understanding （Know it）	技能 Skills（Show it）	行为 Behaviors（Live it）
顾客	了解顾客基本特点，了解与客户沟通的适当方法，例如客户购买习惯、如何促进销售、如何提升顾客忠诚度等	能利用面对面交流、在线等方式为顾客提供有用的信息与服务，积极与顾客互动，促进销售	采用可接近的、友好的方式与顾客互动，对他们的需求表现出真诚的兴趣，并且积极希望从顾客得到改进服务的反馈意见
企业	了解企业愿景、目标、品牌标准以及如何为此而努力	与顾客建立良好的关系，依据品牌标准服务顾客，促进企业价值的实现	认同与维护企业声誉和目标
财务	理解商业操作原则与全面财务绩效原则，例如积极完成销售目标，减少浪费和退货	在满足顾客需求与财务绩效目标之间找到平衡，例如坚持销售目标导向，按照程序包装货物与办理退货	在所有关乎财务绩效的事情上遵守可靠性与诚信原则
营销	为了增加市场份额与取得竞争优势，要了解企业定位，例如企业独特的卖点、产品线、促销与广告活动等	通过提供关于价格和产品的精确信息影响顾客，并且能分享体现地方差异性的服务	依据企业在行业中的定位提供服务

续上表

类别	认识与理解 Knowledge & Understanding （Know it）	技能 Skills（Show it）	行为 Behaviors（Live it）
沟通	能够识别和判断特定情境，并依据企业文化做出恰当的应对	依据购买程序，采用有效的沟通方法实现目标	积极面对顾客，主动倾听顾客诉求，并且进行恰当回应
促销	理解年度内企业与行业的销售时机，并且能依据顾客购买习惯，能清楚特定时期的产品、库存、服务等方面的特点	在促销季，能恰当运用组合策略向顾客推广产品	提前积极准备促销计划，并且激励团队成员共同努力
产品与服务	了解企业要求掌握的品牌、产品与服务信息	能够根据顾客需求匹配产品和服务，努力提高顾客消费，例如借助关联产品与服务销售的方法	对企业的产品和服务要怀有自信
品牌声誉	理解企业与品牌声誉的重要性，清楚哪些因素会影响企业与品牌声誉	对威胁企业与品牌声誉的情况能依据企业政策进行回应，并且对相关人员保持关注	在任何情况下都要积极维护企业与品牌声誉
卖场规划	理解如何通过商品陈列促进销售，理解销售与卖场空间之间的关系	运用商品陈列技术促进销售，确保商品陈列有吸引力、令人愉悦并且是安全的	根据顾客满意度与销售需求评价卖场陈列
存货	充分考虑营销活动、季节促销与需求，保持存货的合理水平	保持合理的存货水平，并使存货处于正确状态	对存货要有主人翁意识
技术	知道相关技术（设备），例如支付手段，并且对技术变化能保持关注，例如社交媒体、数字技术等	依据企业政策恰当且有效率地进行技术（设备）运用，并做好维护工作	积极运用新技术，关注技术进步对改善服务的影响

续上表

类别	认识与理解 Knowledge & Understanding （Know it）	技能 Skills（Show it）	行为 Behaviors（Live it）
团队	理解团队合作的重要性，知道如何积极地影响与支持团队	支持团队成员，确保提供的服务是高质量的、适时的、符合需要的	维护团队荣誉，积极反思个人给团队带来的影响
绩效	理解个人绩效如何影响公司成功	挑战个人工作方法，持续改进状态	对自己负责，努力做到最好，用具有弹性的、恰当的方式去工作
法律与规范	认识与理解同企业、产品、服务相关的法律法规	按照法规要求降低风险与激励顾客购买，在任何时候都要降低对企业的损害，保护个人的安全与环境的安全	用诚信的方式工作，将个人以及他人的安全放在首位
多样性	理解如何同来自不同文化背景的人一起工作，清楚区域特点对企业的影响	根据顾客的需要提供服务，让顾客在任何时候都感到安心	用换位思考的、公平的与专业的方式工作
环境	知道如何在工作中降低对环境的负面影响	根据企业程序最大限度降低对环境的负面影响	努力兑现对保护环境的承诺并且根据需要对改善情况进行评估
期限	至少 12 个月		
进阶	这个标准是进入团队领导力、一线管理人员、高级别训练等学习项目的基础		
级别	二级		
更新期	在行业没有发生明显变化的情况下，每三年更新一次，最近一次更新将在 2017 年 10 月		

2. 零售店长（Retail team leader）学徒制标准

零售店长是管理者的重要助手，为顾客提供特定情况下的服务与体验，在经理不在的时候可能代行经理职责。它的角色是动态的，在一天之内可能要发挥多种作用。最常见的工作是协调团队完成工作，识别促进销售的机会，督导团队成员按照企业标准完成作业与服务。

表 4 - 5 零售店长学徒制标准

类别	认识与理解 Knowledge & Understanding （Know it）	技能 Skills（Show it）	行为 Behaviors（Live it）
顾客	了解顾客基本特点，了解与客户沟通的适当方法，知道如何满足顾客需求，如何激励团队增加销售，如何提升顾客忠诚度与实现企业目标	掌握顾客要求和服务需求，指导和支持团队成员用恰当的、积极的方法为顾客提供服务	成为服务顾客的榜样，通过受欢迎的、专业方法提升顾客体验，改善与顾客的关系
企业	了解企业愿景、目标、品牌标准，清楚与竞争对手的差异，以及如何与团队一起为此而努力	与团队一起维护企业和品牌的标准，依据企业程序识别和处理相关危机	履行在实现团队与企业目标中的个人应当承担的责任
财务	理解个人及团队对企业绩效的影响	通过计划和资源监控促进实现财务目标；有效率地使用资源；在个人工作领域内，依据企业规则全面掌握各项活动对企业绩效的影响	保持商业警觉性，对相关情况恰当处理，秉持诚信原则维护企业财务利益
领导力	理解如何在日常工作中组织团队完成目标，清楚应急计划在满足企业需求方面的重要性，清楚代行经理权力时的限制	协调团队工作，保证团队以正确的方式、在正确的时间和正确的地点、由正确的人依据公司或品牌标准进行工作；在允许范围内代行经理职权	在关乎企业利益的决策方面展现决策思维；用周全的判断和恰当的方式处理有关资源的问题
营销	理解企业和品牌是如何定位的，尤其是相对于地方与在线竞争者；理解企业的产品和服务时如何体现顾客需求趋势；理解自己以及团队成员如何影响顾客对品牌与企业的看法	支持团队理解和积极开展营销活动，确保顾客有最好的体验	提前了解客户需求、竞争者活动、消费趋势等，并向管理者汇报，在职责范围内能采取相应的行动

续上表

类别	认识与理解 Knowledge & Understanding （Know it）	技能 Skills（Show it）	行为 Behaviors（Live it）
沟通	理解如何进行有效的沟通，如何快速形成对情况的判断，如何采取恰当的应对措施	依据听者的情况采取恰当的沟通方式；监控相关活动中的沟通效果，确保产生有效的结果	展示了积极的口头与肢体语言，使用精确和清晰的沟通方法，能够在尊重他人观点的基础上做出周全的回应
促销	理解营销年度销售的因素，知道如何协调这些因素以达成企业销售目标	与团队沟通目标并提供支持；能识别机会并据此开展行动，最大化经营收入	提前寻找与把握销售时机
产品与服务	了解产品和服务的信息，例如独特卖点、销售技巧等；知道与产品和服务相关的信息，例如运输、货源等	确保团队知道和理解产品和服务的相关信息，把握机会增加销售收入	自信地推广产品和服务，展现出对产品和服务的深入理解
卖场规划	对卖场规划有全面认识	依据企业要求、当地需求、销售日志等因素让团队维持卖场规划，适时补充货品	激励团队理解卖场规划、标准与商业属性
存货	从供应链的角度理解存货控制的原则；理解如何管理存货水平、安全等	确保团队按照存货管理程序最小化损失，在法律范围内最大化收入，采取恰当措施销售尾货	采取有预见性的措施与团队管理存货，使产品在需要的时间和地点、按照质量要求能得到供应
技术	知道相关技术（设备）是如何影响销售的；知道如何使用技术（设备）才能提供高效服务	依据企业政策对技术（设备）的运用有全面了解，能妥善处理关于技术（设备）的问题	是有效使用技术（设备）的提倡者
个人与团队发展	理解在企业中建立高效团队的知识、技能与行为；理解团队的动态性，知道如何使团队成员在更大范围内适应角色需求与满足企业目标需求的重要性	计划、组织、排序与监督个人和团队的工作；支持员工入职、培训与发展；公平分配工作，采取恰当的方式实现企业目标	对自己负责任，与团队成员建立积极的关系，乐于采用新的和更好的方法工作

续上表

类别	认识与理解 Knowledge & Understanding （Know it）	技能 Skills（Show it）	行为 Behaviors（Live it）
团队绩效	理解如何开发团队绩效；理解团队绩效如何影响企业目标达成	领导团队完成日常作业；确定目标并跟进实现情况；团队成员的激励、指导与工作训练；识别团队内部矛盾，在他人支持下能妥善解决这些矛盾	对自己负责，努力做到最好，用具有弹性的、恰当的方式去工作
法律与规范	理解商业规则合法合规的重要性，支持团队企业政策和程序工作	确保自己和团队遵守法律法规；能按照规则对风险快速做出反应，并向相应的管理者汇报	遵守并积极提倡依照法律法规工作
多样性	理解如何同来自不同文化、不同背景、不同企业的人一起工作	确保团队理解与执行关于多样性的政策；能对顾客与团队成员相关要求做出恰当反应	用换位思考的、公平的与专业的方式工作
期限	至少 12 个月		
进阶	从该标准可以进入关于零售管理人员的高级别阶段		
级别	三级		
更新期	2018 年 3 月		

5 探　索

高职院校培养职业店长工作是伴随零售连锁行业发展与职业教育改革的节奏逐步进行的，目前已经形成了一些典型模式。

■ 以浙江商业职业技术学院为代表的教学项目融合模式；

■ 以广西商业学校为代表的校内模拟实训模式；

■ 以深圳职业技术学院为代表的职业训练模式；

■ 以无锡商业职业技术学院为代表的渐进式现代学徒制模式；

■ 以江苏经贸职业技术学院为代表的校内教学工厂模式；

■ 以广州番禺职业技术学院为代表的完全现代学徒制模式。

5.1　浙江商业职业技术学院教学项目融合模式

浙江商业职业技术学院秉承基于工作过程的项目化教学理念，通过校企共建教学项目的形式培养店长储备人才。保持原有教学设计的基本架构，在教学内容上实现与企业需求的互动，教学改革具有更大的可操作性，所以，大多数院校采用了这种方式。

浙江商业职业技术学院连锁经营管理专业与物美集团合作开设"物美班"。学生进入企业后，第一阶段是为期 14 天的行为训练阶段，让学生通过军训、运营规范等学习熟悉大卖场工作人员的基本行为规范；第二阶段是为期 80 天的岗位见习，学生在生鲜部、百货部、杂货部及客服部 4 大部门共计 22 科别进行走科轮岗，确定自己有意向从事的科别，由此进入第三阶段为期 90 天的定岗实习。经过由浅入深的培训，物美订单班 56% 的学生在毕业前就能连跳 3 级（实习生、普通员工、资深员工）晋升为副科长。

2011 年，在虚拟的连锁经营学院架构下，该专业与物美集团华东公司、浙江曼卡龙珠宝股份有限公司共建"物美学院"和"曼卡龙学院"，设立商职院物美人才培养基地和曼卡龙人才培养基地，将企业的部分人力资源管理与培训职能承接过来，由校企双方以教学项目组的形式共同制定人力资源规划，共同开发工学结合教材，共同实施企业员工培训与学校专业教学，将职业培训、订单培养等功能整合其中。

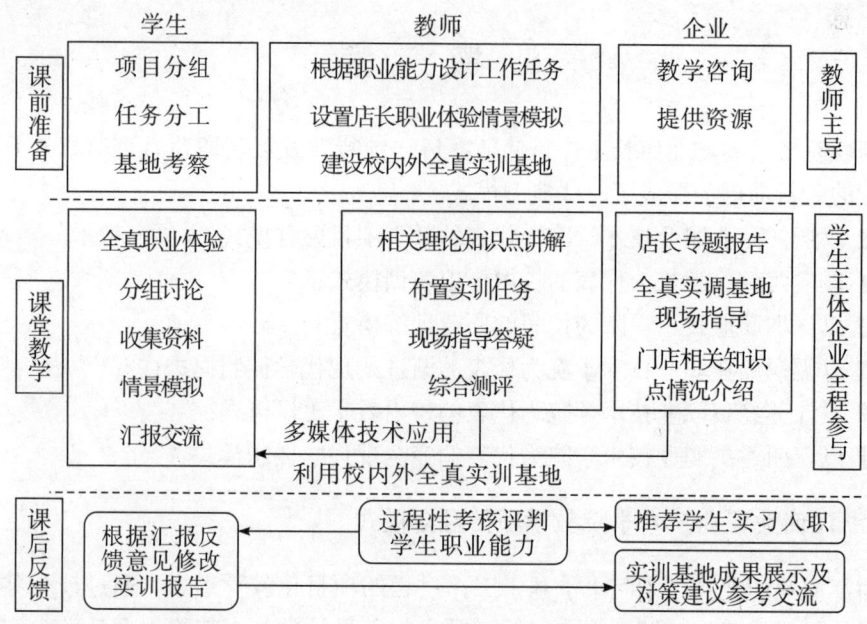

图 5 – 1　浙江商业职业技术学院教学项目融合模式

5.2　广西商业学校校内模拟实训模式

　　广西商业学校依据店长胜任能力形成逻辑，采用的是企业支持下的校内模拟实训模式。明确"导购员—副店长—店长—区域市场经理"为学生的成长路径，以订单班为载体，实施"实战型岗位递进"的人才培养模式，培养高素质零售店长。这种方式突出了知识或技能形成的逻辑性，并在系统化的模拟系统中予以体现，在帮助学生形成系统化职业认知方面具有良好的效果。

　　从 2009 年开始，广西商业学校市场营销专业学生的成长路径设计为"导购员—副店长—店长—区域市场经理"。学校根据教学规律确定了"实战型岗位递进"的人才培养模式：学生在校两年的四个学期按入职新员工、导购员、副店长、店长的岗位典型工作任务和素质要求有针对性地开展教学和实训。第三年顶岗实习也分为四个阶段，合作企业按这一岗位递进的要求进行实习安排和指导，让学生始终明确他的职业发展方向和各阶段的工作任务及素质要求，在任务驱动下开展教与学。

　　广西商业学校与江苏中和贸易有限公司于 2011 年 7 月签订了校企合作协议：在学校成立"中和店长订单班"（简称"中和店长班"），学校与企业资源共享，按实战型岗位递进人才培养模式共同培养零售店长人才。校企达成共识，在校的两年，中和店长班的学生以公司准员工角色，系统地接受企业文化、岗位工作流程和岗位工作技能的培养，期间的三个寒暑假轮流到公司终端门店带薪顶岗体验，进行工学交替。第三年顶岗实习，中和店长班学生直接进入公司员工序列，按企业对正式员工的要求在终端上岗实训，带着销售指标，由公司指派"教练"，按"人、财、物、场、信息、理念、行为规范"等模块展开训练。

为充分了解店长岗位的典型工作任务、工作流程、工作规范和对人才的素质能力要求，适应新模式下的教学任务，专业教学和管理团队的教师们直接参与到合作企业终端门店的日常营运工作中，进行岗位体验，与企业的一线店长、市场营运经理及其内训导师进行座谈研讨，细化在岗位递进过程中不同阶段的岗位典型工作任务和素质能力要求，把每一阶段岗位能力的培养落实到相应的学期课程教学中。在教学活动的实施过程中，始终强调学生能力的培养。依托校内实训基地和企业终端门店，按岗位递进不同阶段的典型工作任务为驱动开展教学和实习。如：①早会主持技能实训。在校内，中和店长班学生每周一早会，把学业和德育的目标进行分解，作为"门店"的具体阶段性目标，落实到每一个"店员"身上，由轮值"店长"主持早会，学生在实操训练中学习主持早会的技巧。②门店服务技能实训。在开展门店服务流程和技能的教学时，同样紧紧依托合作企业的终端门店和校内的实训基地，学生在完全真实的工作氛围中学习演练服务八步曲"热情迎宾—了解需求—诚意推介—鼓励试穿—真心赞美—附加销售—美程服务—感恩送客"每一个典型工作任务所应具备的技能。

企业把组建每一届中和店长班的过程都视为招聘新员工的过程，由公司市场营运部门和人力资源中心派人来校进行面试，确定学生人选，并由公司人力资源中心把中和店长班学生作为店长储备人才建档备案。参与教学，共铸质量。企业人员受聘学校，对中和店长班的学生进行企业文化、企业发展、门店营运实务等方面的授课培训和技能指导。校企合作，资源共享。按教材对接技能的要求，依据岗位典型工作任务，校企双方共同制定具有明确针对性的课程体系、课程内容、教学标准、教学计划和教学方法。合作开发了《门店销售实务》《店长管理实务》《推销技巧》等核心课程教材及教学资源。为培养实战型店长人才创造条件，广西商业学校和江苏中和贸易有限公司共同出资，由企业设计并派专业人员指导，在校内建成了全真版的生产性实训基地——安踏李宁商校实训店。中和店长班学生的专业技能课程教学大都安排在实训店进行。课余时间，学生还按 3 人一组轮流上班营业，每组又选一名学生做值日店长对当天的营运活动负全责。老师则作为总店长进行控制、指导和考核。

引入企业文化，按企业管理模式进行班级管理。班级模拟为市场区域，班长即为区域经理，配有两位区域副经理；小组模拟为终端门店，组长即为店长；每位学生就是门店职员；班主任模拟为公司经理。

5.3 深圳职业技术学院职业训练模式

深圳职业技术学院（以下简称"深职院"）店长人才培养采用的是职业训练模式，没有复杂的课程体系设计，在基础训练基础上，强调企业实践；在店长班定位上，深职院突出了"精英"二字，在确定办学规模、选择合作企业、课程设计等方面均有具体体现。

深职院从 2012 年创办"深职院百丽国际店长班"，到 2015 年累计招生培养 179 名店长学员。该班共有百丽企业文化、终端销售实务、管理与沟通技术、店铺营运管理 4 门课程、15 个学分，主讲教师全部为实战经验丰富的企业高管。学生 40 名，是企业从市场营销、商品流通、工商管理、行政管理 4 个专业中遴选而来的。"深职院百丽国际店长班"具有"企业整体教学包进校园、企业培训讲师团进校园、企业证书进校园、企业门店进校园"四大特色。

其中，144 名学员已经成功走向社会，并在各自岗位发挥了作用。2015 届"深职院百丽国际店长班"不同以往的是，本届百丽店长班只有一个，将之前百丽和百朗品牌旗下的时尚和运动产品两个班级合二为一，整合了时尚和运动品牌两个班级的师资力量，意图全力打造集时尚运动于一体的复合型高素质店长人才。本届只招收了 35 名学生，人数比以往减少了近一半。这 35 名学生都是从该校管理学院 300 名大二学生中挑选出来的，是管理学院学子精英中的精英。下一步，深职院的百丽国际店长班将配合华南百丽店铺的经营改革，不断尝试改革创新，并让百丽班学员在学习的同时主动担当起店铺改革创新的重任，充分发挥店长的创新潜能。

5.4   无锡商业职业技术学院渐进式现代学徒制模式

无锡商业职业技术学院采用的是"渐进式现代学徒制模式"，在坚持校企联合培养理念的前提下，以学校为主导，企业渐进式介入人才培养过程。在我国现代学徒制政策保障体系不健全的背景下，无锡商业职业技术学院的模式较为稳健。

无锡商业职业技术学院自 2013 年 11 月启动教育部"职业教育现代学徒制的实践探索——高职连锁经营管理专业"项目工作以来，校企双方高度重视，按照实施方案的进程安排扎实推进，取得了阶段成果。

校企联合招生招工，为现代学徒制实施奠定坚实基础。在今年高考招生工作中，学校与两个新的合作企业——宁波星动力潮流有限公司、创维集团开展了现代学徒制校企联合招生。在教育部和江苏省教育厅允许的招生录取政策范围内，以学校招生生源和招生类型为依据，按照企业招工岗位——后备片区经理、储备店长的岗位需求，共同确定了 2014 年度 100 名计划用于连锁经营管理专业和市场营销专业现代学徒制试点。为保证录取工作的规范实施，校企双方成立了联合招生招工领导小组，学校和企业的主要领导担任组长。校企共同制定招生章程并通过学校招生宣传和企业招工宣传渠道对社会和考生公布，接受考生的预报名。校企共同对报名考生进行招生招工面试。学校完成学生录取时企业完成准员工录用。

校企联合设计，共同制定人才培养方案。通过与合作企业充分沟通和协商，为连锁经营管理专业面向的两个不同行业和不同职业岗位，制定了既具一定差异性，又有较大同一性的人才培养方案，人才培养目标和就业岗位更为清晰明确。学校与合作企业一起进行课程教学任务分配，学校与企业分别完成各自擅长的理论知识与技术技能教学，企业对就业人才职业岗位技术技能要求得以充分体现。人才培养质量的考核也更具灵活性和实效性。学生毕业时需取得品类管理师证书、电子商务师证书、职业经理人证书中的任意一张职业资格证书，才能顺利毕业。

校企联合实施培养，形成渐进式实岗育人模式。该校建立起既符合教育规律，又能满足企业需求的"渐进式"学徒培养方式，即学生入学后的六学期，前三学期以学校教育为主，企业通过植入课程参与人才培养，后三学期以企业师傅培养为主，学校通过完成部分实训课程参与人才培养，形成企业逐步介入学校教学，到企业为主进行教学，再到学校补充企业教学的不足，校企共同培养技术技能人才的方式。这种"渐进式"现代学徒制人才培养方式是中国特色的现代学徒制商科人才培养的重要探索。

校企联合建设师资、课程与实习基地，激活人才培养的关键要素。为切实提高"现代学徒制"人才培养质量，校企双方在双师队伍、课程、实训实习条件等关键要素方面进行了重点建设。明确了双师选拔标准，建立了校企师资"互学互帮"制度和"双向考核"制度。重构课程体系，围绕人才培养方案所确定的培养目标与就业岗位所需的职业基础能力、职业岗位能力和职业拓展能力构建理论知识与实践实训体系，形成了"通识教育课程＋职业基础课程＋专业课程＋职业拓展课程"的课程体系。修订了课程标准，截至目前，已完成 17 门课程的教学标准修订工作。共建实训实习基地，两家合作企业从 600 家门店中认真筛选出近 100 个门店，供 92 名学生轮岗实训和顶岗实习，为技术技能人才的培养提供了完备的实训条件。

校企联合管理班级，增强学生企业员工角色意识。现代学徒制班建班以来，根据企业对员工形象的要求，学校制定了学徒形象标准和礼仪规范，实施模拟企业运行的班级管理。现代学徒制班推行"校企双班主任制"，即除了聘任"校内班主任"外，还聘请了华恩公司培训经理作为"企业班主任"，现代学徒制班以模拟公司的形式进行管理运行。

5.5　江苏经贸职业技术学院校内教学工厂模式

江苏经贸职业技术学院对店长人才的培养是基于与企业共建"校内教学工厂"的模式，"校内教学工厂"投入大，对学校体制机制改革的要求比较高，需要地方政府教育管理政策的支持，因此在国内部分地区有比较好的应用。

由江苏经贸职业技术学院与华润苏果超市合作共建的生产性实训基地总投资近1 亿元、运营面积近 3 万平方米。按照教育部《关于全面提高高等职业教育教学质量的若干意见》中提出的"积极探索校内生产性实训基地建设的校企组合新模式，由学校提供场地和管理，企业提供设备、技术和师资支持，以企业为主组织实训"的要求，该学院与企业共建生产性实训基地，旨在让师生走进企业，使企业融入学校，让学生在校内完成生产性实训和顶岗实习任务。

长期以来，高等职业教育一直面临这样的难题：技能型人才培养缺乏实践教学场所和有效培训方式，无法调动企业参与高职教育办学的积极性。有些专业，企业是不接纳学生的。比如会计专业的学生到企业去，企业不可能让他深入了解财务状况。江苏经贸职业技术学院与苏果超市有限公司合作共建集经营、教学、培训、科研于一体的大型校内商贸流通与现代服务业生产性实训基地，推行涵盖"岗位认知、课程学习、顶岗实训、毕业实习"的四种实习实训模式，可吸纳 30 000 人次学生实习，解决了商贸类专业"缺乏实践教学场所和有效培训方式"的难题。

基地设有大型购物中心、华润苏果发展战略研究所、江苏经贸连锁经营培训学院、中国商业联合会店长培训中心、华润苏果员工培训中心等，每年可接收 10 万人次的学生参加认知实习、教学实习、顶岗实习、毕业实习，校企共同培养学生、培训员工，同时开展相关研究。

生产性实训基地为学生提供一个真实的职业环境，按照专业岗位群的要求和生产经营的流程来组织教学和实践，更加突出岗位体验，实现人才培养与上岗就业"零距离"，并在实训过程中创造一定的经济效益。校企共同体将传统意义上的"产学研结合"变为"教学做一体"。该基地建设目标是：作为校企合作的结晶和典范，将成为商贸流通与现代服务业类专业学生学习与工作的"教学工场"；成为连锁经营领域高级职业经理人、职业店长、中高层业务人员培训中心；成为连锁经营研究开发基地；成为中国华润苏果连锁超市的旗舰店、样板店、试验店和示范店。

5.6　广州番禺职业技术学院完全现代学徒制模式

广州番禺职业技术学院实施的是完全的现代学徒制模式，招生与招工同步，校企合作培养，以企业为主导。这种方式充分体现了职业教育发展趋势和现代学徒制的基本特征，但对学校体制机制、教学单位领导团队工作、师资队伍、合作企业等方面有很大挑战。

2014 年底，广州番禺职业技术学院与深圳市百果园实业发展有限公司共同成立百果园学院，以"职业店长"为人才培养目标，以现代学徒制为人才培养模式，开展双主体办学。2015 年百果园学院市场营销专业获得广东省教育厅批准开展"招生即招工"的现代学徒制试点，校企双方反复研讨，拟定了现代学徒制试点工作方案、人才培养方案、教学组织与运行方案、招生宣传方案等，通过自主招生、签订三方协议、录取、入学与入岗后，进行以在岗学习为本位的人才培养工作，试点工作有序开展。

现代学徒制市场营销专业 2015 年开始首次招生，共发放 44 张录取通知书，2015 年 9 月份有 43 人报到入学，其中有两名同学办理了参军入伍休学手续，实际入学 41 名学生。入学后的第一个月集中在校进行两周的军训、军训间隙及后续的两周进行公共基础课程及行业企业认知的学习，2015 年 10 月 19 日开始到百果园公司的各个门店的岗位上进行在岗学习。截至 2016 年 4 月现代学徒制市场营销专业在校学生有 38 人，退学 3 人。

目前，38 名学徒制学生分布在广州、江门的 37 家门店在岗学习，其中广州 34 家，江门 2 家，一名学生经公司内部工作选聘到物流配送中心工作。刚入岗时，学生更多的是遇到心态调整和角色转变的难题，经过企方新员工入职培训、员工职业规划等环节，经过校方职业规划与成功素质训练课程辅导，指导老师全方位地帮扶，到 2016 年春节前后，大部分学生均能调整好心态，转换好角色，投入到在岗培养的工作中，学生均已适应这种在岗培养的现代学徒制模式，在岗学习积极、热情，均能高效地开展工作和学习。其中有部分学生基本上在入岗第一个月后就被店长委派，作为带班店长，在店长休假、外出培训等时间代理店长职务。大部分学生岗位学习能力非常强，1~2 个月能熟练掌握门店前台的工作流程和工作内容，接下来师傅就会按照他们技能掌握的进度，教他们后台相关业务的操作。目前已有 19 名学生经过公司的培训和考核，走上了副店长的岗位。

2016 年百果园学院获批建设广州市职业店长特色学院。

6 百果园学院的实践与思考

百果园公司校企合作总监熊自先老师有在学校和培训公司的工作经历，所以他更了解学校。他戏言自己就是一个翻译，将企业的语言翻译成学校能听懂的语言，将学校的语言翻译成企业能听懂的语言，所以他的校企合作会有一定成绩。学校和企业长期以来采用不同的话语方式，为彼此的沟通与合作带来很大麻烦。虽然教育界多有尝试，但大多是基于自己的立场，没有改变封闭办学的思路；企业对学校大多抱有微词，但对自己的问题却视而不见，徒增人才选育的成本。现代学徒制是一套话语转换体系，在这套体系内，企业与学校能够更深入地理解对方与互动，通过对人才培养价值链的重塑，甚至可以颠覆原有的职业教育架构。在政策体系尚不健全的情况下，现代学徒制的话语转化能力还较为弱小，是挑战，也是高职院校的机遇。

6.1 发展定位

2016 年 7 月 7 日，广州番禺职业技术学院牵头建设的广州职业店长学院被列为广州市第四批高职院校特色专业学院建设项目，这是职业店长学院发展中的里程碑事件。职业店长学院对广州番禺职业技术学院而言不是一般意义的校企合作项目，而是希望提高工作附加值的重要载体。

在 2010 年，我们深切体会到传统的办学与工作方式让教师们疲于奔命，让学生们在频繁的教学改革中成为实验品，这种状况如果不改变，未来的职业教育领域将难以有我们生存的空间。作为管理学院院长的阚雅玲教授，希望能在任职期内为教师和学生留下"财富"。经过漫长的调研与反思，我们认为，如果能将教育教学工作引入高附加值的区位，就是我们这届领导班子留给广州番禺职业技术学院管理学院最大的财富。

能够给已经进入困局的教学体系带来生机的是开放办学，于是，校企合作成为我们谋求改变的具体抓手。从 2010 年开始酝酿，广州番禺职业技术学院管理学院制定了《校企深度合作升级人才培养目标和人才培养模式实施方案（2012—2017）》，稿件在 2016 年做了进一步修订。

校企深度合作升级人才培养目标和人才培养模式
实施方案（2012—2017）

《国家教育事业发展第十二个五年规划》明确高等职业教育重点培养产业转型升级和企业技术创新需要的发展型、复合型和创新型的技术技能人才。校企合作是落实人才培养任务的基本路径，促进职业院校的专业设置与产业布局对接、课程内容与职业标准对接、教学过程与生产过程对接、学历证书与资格证书对接、职业教育与终身学习对接是具体要求。以国家和地方教育政策对高等职业教育人才培养目标的思想为指导，结合我校"十二五"发展规划关于开展校企合作提升人才培养质量的具体任务，立足工商管理系"素质与能力并进"的人才培养模式改革需要，制订本方案。

一、人才培养目标和模式存在的问题及改革目标

（一）存在问题

工商管理系现有专业包括工商企业管理、市场营销、物流管理、电子商务、连锁经营、工商企业管理（创业管理）方向等，专业实力不强、发展缺少特色是基本现状，在人才培养目标和人才培养模式方面存在的主要问题概括如下。

1. 人才培养目标与人才培养模式缺少行业特色。

2. 部分专业人才培养目标不具体，"万金油"的特点比较突出。

3. 人才培养模式与企业融合度较低，与"五对接"的要求有较大差距。

4. 人才培养模式改革缺少校企合作平台支撑，许多设想难以落实。

（二）改革目标

1. 加强师资队伍结构优化与能力提升，转变教师的职业教育观念。

2. 整合专业资源，调整专业布局，重点加强与零售连锁企业的合作，凝练专业人才培养特色。

3. 打造校企合作平台，为人才培养模式改革创造条件，提升工商管理系体制与机制的创新能力。

4. 升级专业人才培养定位，完善人才培养方案，提升就业质量。

二、总体思路

将产教融合作为升级专业人才培养层次的总抓手，立足工商管理系人才培养目标，拓展与优化战略合作伙伴，以校企合作体制机制创新为主线，以订单班、校企共建特色学院、实训室等为载体，以校企合作办学规律研究和工作团队建设为保障，搭建具有价值创造能力的产教融合平台，进而培育专业发展能力与特色。

三、提升人才培养质量对校企合作的基本需求

由注重就业率向就业率与就业质量并重的转变，是高职院校人才培养工作转型的基本背景。自国家示范院校建设工程结束后，我校明确提出要将提高人才培养质量作为学校育人工作的核心。人才培养工作的转型对校企合作提出了如下基本需求。

（一）保障相对稳定及高质量的实习与就业岗位供给

高质量的实习与就业岗位是提升人才培养质量所需要的基本条件，薪资水平、学习与晋升机会、工作环境、企业社会影响力等是体现质量的基本内容。相对稳定主要体现在两个方面，一是企业在一定期间内能够提供的岗位要满足学生实习和就业的需求，二是行业相对集中。

（二）创设人才培养模式体制与机制创新的改革平台

体制与机制建设是校企合作长效性的根本保障。新形势下的校企合作需要通过现代学徒制、双主体办学、集团化发展等模式实现职业教育与产业发展的融合式发展。

（三）开辟教师深入实践提升教学与科研能力的渠道

教师是决定职业教育质量的关键，未来的校企合作应该为教师深入企业实践提供渠道，帮助教师成为教学能手，成为行业专家。

（四）提升教学与科研服务市场价值的转化机制　·

校企合作不仅仅要帮助学生获得职业发展的机会，还肩负着提升专业教学与科研服务社会能力的责任。课程、实训室、竞赛、专业教学指导委员会等要成为校企之间价值交互网络的重要节点，在立足人才培养的基础上，要提升专业的社会服务能力，提升专业教师工作的附加值。

四、工商管理系校企合作现状及存在的问题

工商管理系秉承开放式办学的理念，在校企合作方面积累了一定成果，与一批合作企业建立了稳定的关系，同番禺区经贸局、番禺厂商会等机构保持良好合作，形成了以订单合作为特色的校企合作模式和具有代表性的校企共建课程项目。

从未来人才模式转型的角度看，目前工商管理系校企合作存在如下问题。

1. 对校企合作规律的研究略显薄弱。

2. 合作领域的集中度偏低，重点合作领域有待明确。

3. 合作伙伴的层次同人次培养质量提升需求存在差距，小型和微型企业偏多，行业领军企业偏少。

4. 校企合作工作的系统性与规范性有待提升，工作团队的结构与效率需要改善。

5. 校企合作内容过于单一，对教研成果的社会转化能力薄弱。

五、重点工作内容

（一）加强科学研究，提升校企合作的科学性

充分利用学校对专业调研工作的支持政策，深入行业企业开展调查研究；引导教师通过课题申报、撰写论文等方式积极探索校企合作规律；建立教师之间的交流与成果分享机制，促进研究工作与教学改革实践的结合；在条件具备的情况下，成立相关研究团队或研究机构，提升此项工作的系统性。

（二）明确管理职责，提升校企合作工作效率

进一步明确校企合作工作的领导责任，明确专业带头人与教研室主任在校企合作方面的工作范畴；逐步建立与完善合作伙伴遴选标准、校企合作绩效评价标准、合作企业关系管理等方面的制度与规范；在条件具备的情况下，尝试建立校企合作工作团队或部门，提高为专业开展校企合作的服务能力。

（三）优化合作伙伴，提升校企合作层次定位

在进一步拓展合作网络的同时，逐步优化合作伙伴，重点加强与行业领军企业的合作；根据工商管理系人才培养定位的要求，重点做好同零售连锁企业的深度合作。

（四）深化合作模式，探索集团化办学

进一步完善课程实习、顶岗实习、订单班、共建实训基地等校企合作模式；逐步探索同核心合作企业的深度合作，开展"双主体"育人，探索围绕核心企业与相关院校协同发展；开展现代学徒制的前期探索，在条件成熟的情况下，开展现代学徒制试点；探索集团化办学新模式，稳步推进基于校企合作的特色二级学院建设。

（五）丰富合作内容，促进校企之间多维度互动

为教师下企业创造机会与条件；引导教师与企业一起进行课程开发、课题研究及服务项目开发；鼓励专业实训室向社会服务平台转型；充分利用南郊产学研中心，将其建设成为工商管理系校企合作的窗口。

六、实施步骤

校企深度合作势必涉及教师思想观念、行为模式、学院管理体制等深层次因素，因此需要稳步推进。实施过程的基本线索是：首先通过培训、进修、研讨等形式统一思想（凝神），然后逐步优化合作企业，将办学方向集中到重点行业领域（聚焦），在条件成熟的情况下，探索体制机制新模式（健体），培育以课程、社会服务项目、教师团队等为具体载体的可持续发展能力（筑魂）。

（一）第一阶段（2012年7月—2013年1月）：凝神

开展系列专业建设调研与研讨活动，重点组织对教研室主任、专业带头人及专业骨干教师的培训，学习职业教育政策、先进院校办学经验、企业大学建设经验、教学法等，并深入开展各专业人才培养方案的大讨论。通过交流学习，统一对深化校企合作提升人才培养质量的认识。

（二）第二阶段（2013年3月—2014年12月）：聚焦

优化校企合作伙伴，加强同行业领军企业，特别是同零售连锁企业的战略合作，首先借助华好集团、真功夫餐饮及百果园公司探索开展职业店长教育，并逐步拓展在各专业的试点。突出创业教育特色，将创业素质培养融入工商管理系人才培养体系。加大教师下企业学习的支持力度，通过教师能力的转变带动专业发展模式改革。

（三）第三阶段（2015年1月—2016年6月）：健体

通过专业群建设，明确各专业协同发展的关系；选择紧密合作企业开展深度的订单班合作，条件成熟的情况下成立双主体办学机构。围绕职业店长人才培养目标，适当减并专业，优化专业布局。成立以社会服务为使命的团队或部门，提升专业教学成果的开发与社会转化能力。

（四）第四阶段（2016年7月—2017年12月）：筑魂

探索校企深度合作模式，提升校企深度合作办学的绩效。进一步加强专业教师

项目开发能力和社会服务能力的培训。集中师资、经费、场地等相关资源，实施重点项目攻关，在教学团队、课程、教学标准、社会服务项目、竞赛、校园文化活动等形成具有影响力的标志性成果。

七、预期成果

以深度校企合作引领人才培养模式改革，并非朝夕之功，需要相关条件的配套，更要抓住改革机遇，把握工作节奏。工商管理系希望在如下几个方面有所收获。

1. 毕业生整体就业质量有显著提升。

2. 师资结构有重大改善，教师专业教学能力及行业服务能力有显著提升，培育1～2个具有社会服务能力的教师团队及相关服务项目，培育1～2个具有一定影响力的研究团队。

3. 形成较为完善的学校和企业双主体办学体制。

4. 行业特色突出，明确工商管理系整体及各专业具体的人才培养目标，具有清晰的行业定位与岗位定位，在培养行业高层次职业技能人才方面形成较为广泛的社会影响力。

5. 与行业领军企业建立互惠共赢的战略合作关系，形成基于人才培养的多层次战略合作。

6. 各专业基本形成"五对接"的人才培养模式。

7. 在课程、课题、实习基地建设、职业技能竞赛等方面取得较高层次的标志性成果。

8. 国际化办学有所突破。

9. 新兴教育教学技术手段得到较好应用。

6.2 选择企业伙伴

校企合作固然可以计划，但在大多数情况下是以机会为导向的，特别是对于现代学徒制培养模式而言，不仅要考虑企业发展的态势，更现实的问题是要看企业的合作意愿。按照逻辑似乎应该先分析政策导向，再选择行业，然后再确定企业。如果是新建院校，这套逻辑是适用的，但对于具有一定办学历史的院校而言，上述逻辑必须要尊重以往的办学基础。

管理学院比较早地开始尝试订单班教学模式，具体操作是在三年级第一学期以订单班的形式将学生引入企业实践，以此缩短教学与企业实践之间的距离。管理学院搭建供需平台，学生和企业双向选择。最初的订单班合作企业有很多，有的企业也许只有2～3个学生选，但订单班也是照常开设。这种方式提供了更多选择，但却耗费太多资源，因为涉及面太广，对行业企业缺少深度关注，校企关系也不便于维护。

零售连锁企业成为我们合作的重点对象，是因为在订单班企业中有深圳百果园公司、名创优品、永辉集团等来自于零售连锁行业的优质企业。这些企业基本具备如下特征：

（1）是所在领域的领军企业，对行业发展具有引领作用。

（2）企业处于高速成长期，对零售店长人才具有持续的、大批量的需求。

（3）企业将校企合作培养零售店长储备人才作为人力资源战略的重要内容，形成店长储备人才的外部培养机制。

（4）企业设有专门机构及人员对接校企合作。

（5）企业对如何培养在校大学生有相对系统化的操作方案。

（6）具体负责接触院校的管理人员和了解院校情况，能从院校的角度考虑问题。

（7）校企双方具有彼此认同的工作理念与教育理念。

（8）了解并愿意采用现代学徒制的方式与学校进行合作。

校企合作关系是动态的，也是多层次的，主动寻找优质合作企业是专业建设的重要内容。校企关系的建立与维护是一项颇费心力的工作，在尊重每一个合作需求的前提下，我们鼓励各个专业努力优化合作企业的结构。因此制订了《关于选择合作企业的指导性意见》。

关于选择合作企业的指导性意见

为进一步提升校企合作质量，服务人才培养质量提升的目标追求，现对选择合作企业事宜提出如下指导性意见。

1. 积极拓展

校企合作是职业教育人才培养质量的生命线，要充分认识到校企合作的重大意义。各专业要积极拓展合作企业，善待每一个伙伴，珍惜每一次机会。

2. 多维度合作

可以通过课程、顶岗实习、订单培养、校园活动、竞赛、参访、教师挂职、企业人员进课堂、培训、社会调研等多种形式合作，各专业要结合人才培养实际需要进行有创新性的思考与实践。

3. 价值管理

每一次校企对接活动都要花费一定的精力和资源。各专业要妥善解决专业资源有限性与事务工作无限性的矛盾，审慎选择伙伴，重点做好对核心合作伙伴、核心合作项目的建设，提高工作附加值。

4. 聚焦产业

各专业人才培养目标需逐步聚焦到具体的产业，聚焦到该产业的领军企业，而且专业间要保持协同性。具有一定规模和良好社会声誉的零售连锁企业是未来合作的重点，请各专业注意把握校企合作方向。

5. 资源共享

企业人才需求及教学服务需求具有复合性特征，因此，校企合作工作需要协同，资源需要共享。各专业在日常工作中要注意沟通与协作。在条件成熟的情况下,管理学院将成立专门从事校企合作工作的团队或部门。

6. 清晰定位

立德树人是学院工作的根本。各专业在开展校企合作过程中,要立足职业院校应当履行的社会责任,在充分整合社会资源的同时,建立本专业的核心发展能力与业务内容,在积极适应社会发展需要的同时,要主动发挥院校在影响社会文化价值观与技术进步方面的优势,助推社会进步。

7. 规范管理

各专业需明确适合本专业特点的校企合作规范与具体负责人员,做好与合作伙伴的沟通与关系维护工作,做好校企合作情报与资料管理工作。重要合作事项需提前向分管领导汇报。

6.3 订单班

在缺少外部保障机制的情况下,现代学徒制对学校和企业来说都是很大的挑战,所以,现代学徒制人才培养模式改革需要谨慎选择从哪里开始。

2016年6月,广东省的一家电子商务企业信心满满地来学校寻求合作,希望能与电子商务专业一起采用现代学徒制的方式培养农村电商人才。来洽谈合作的企业负责人一开口就要招收100名现代学徒制的电子商务学生,还承诺要设立奖学金、建设实训基地等。在随后的沟通中,企业却打退堂鼓了,因为经过测算以后,发现投入太大,取得投资回报的周期也比较长。

企业态度的转变源于企业不了解教育教学规律,对现代学徒制的操作过程也缺少具体认识。在此情况下,校方需要帮助企业找到开启合作的方式,而不能完全依照企业的思路开展工作,如果因为贪恋所谓的社会影响盲目追求规模,只会给双方带来更大的损失。管理学院的现代学徒制实践是从顶岗实习开始的,是在经过磨合以后才开启的更高级的合作模式,大致过程是:从1.0时代的毕业顶岗实习,到2.0时代的企业订单班,到3.0时代的双主体办学(以学校为主导)实施双元培养,再到4.0时代的双主体办学(以企业为主导)实施现代学徒制。

以下是管理学院为职业能力选修课"企业订单培养"制定的管理办法。

职业能力选修课"企业订单培养"管理办法(2016年修订)

校企合作订单班是高职院校培养高素质、强技能人才的一种有效模式,是深化产学合作的重要载体。管理学院对2014级职业能力选修课实施3~4个系列课程供学生选择,"企业订单培养"系列是其中之一。为了规范校企合作订单班,保证其顺利有效运行,特制定本管理办法。

一、"企业订单培养"组织机构及职责

成立管理学院2014级学生"企业订单培养"领导小组，全面负责本系"企业订单培养"学生的管理工作。领导小组成员由学院领导、各教研室主任及秘书、辅导员等组成，学校需指派校内指导教师，校外合作企业需指派兼职指导教师/企业班主任，另校企合作工作岗位教师兼任订单培养班的校内班主任。机构成员如下：

领导小组构成：

组长：管理学院院长

副组长：管理学院副院长、党总支书记

组员：教研室主任、秘书、辅导员、校内指导教师、企业指导教师

（一）"企业订单培养"领导小组职责

（1）统筹安排全系"企业订单培养"工作，制订每年订单培养工作计划，并督促、检查各专业计划与目标完成情况。

（2）对学生进行专业选修课集中辅导，特别是对"企业订单培养"系列的选修辅导。

（3）联系相关企业开设订单培养班，甄选符合条件的企业并对开设订单培养班的有关要求与企业进行磋商。协助企业制订订单培养教学计划、聘用任课教师，执行教学方案。

（4）做好"企业订单培养"项目的宣传、组织学生的初步筛选工作，提供"企业订单培养"项目报名学生真实资料供用人单位参考。组织学生与企业的双向选择见面会，为企业选人和学生选课创造有利条件。负责与企业、学生签订相关的订单培养协议。

（5）"企业订单培养"启动之前，应对学生进行职业素养、企业人际关系处理、企业运作环境、市场法制观念、安全知识、防范技能等方面的教育培训，帮助学生树立良好的心态和工作态度，正确认识现实，吃苦耐劳，任劳任怨，不计名利，在实践中努力学习专业知识和技能，树立正确的荣辱观、苦乐观、人生观、价值观和世界观，并能够保护自己的合法权益。

（6）为企业订单班配备专职校内班主任或校内指导教师。

（7）分专业召开专题学生订单培养动员会议，使学生明确订单培养的目的、方法和考核要求，明确订单培养的各项规章制度、材料上交的期限与要求等，做好订单培养前的各项准备工作。

（8）加强与订单培养企业、校外兼职指导教师/企业班主任、校内指导老师的联系与沟通，组织力量进行检查，定期向订单培养企业了解学生的情况，听取订单培养企业对订单培养工作的意见和建议，并做好检查记录。

（9）组织订单培养班级的课程考核，成绩的评定，资料的整理、归档和上报。

（10）学生订单培养结束后，组织各专业对各种重要数据进行分析，并进行订单培养工作总结以及相关材料的存档。

（二）校内指导教师的职责

（1）在企业培养期间，指导学生按照企业和学校要求完成相应的工作和学习任务。

（2）对自己指导的学生进行安全教育、思想政治教育、职业道德教育和企业文化教育，要求学生遵纪守法，杜绝各种意外事故发生。

（3）对订单培养学生进行跟踪指导，加强与实习单位和校外兼职指导教师/企业班主任联系，掌握学生培养动态，积极配合订单培养企业和校外兼职指导教师/企业班主任的工作，及时解决订单培养中存在的问题，按时完成规定的订单培养教学任务。

（4）经常与学生沟通，为学生讲解订单培养的相关现实问题，提醒学生注意工作的方式，学会观察企业运作规律，学习岗位工作方法，必要时可以到学生实习现场进行现场指导，提升学生的管理技能，增强就业竞争力。

（5）指导学生撰写订单培养周记和总结，要求学生每周完成一次订单培养记录，敦促学生及时上交相应的资料。

（6）对在订单培养中违反纪律且情节严重的学生，除进行批评教育外，还应及时向企业订单培养领导小组汇报，按有关违纪处理办法进行处理。

（7）与校外兼职指导教师/企业班主任一起对订单培养学生进行考核，参加学生订单培养总结汇报会，对订单培养学生进行成绩评定，汇总后交教研室、系（院）审核汇总后上交教学秘书存档。

（8）通过指导学生订单培养，加强自己与企业的联系；在条件许可的情况下，可与教师下企业及校企合作的各项工作结合起来。

（三）订单培养企业的职责

（1）尽可能为学生提供适合本专业性质的订单岗位，实现专业与职业的衔接，培养学生的基本职业技能。

（2）选择合适的企业人员担任学生订单培养的校外兼职指导教师/企业班主任。

（3）与管理学院的订单培养领导小组一起完善订单培训及工作计划。

（4）根据协议规定，若有提供报酬的应按时足额发放给学生；若另有商定的，按商定办法实施。

（5）接待校内班主任或指导教师的走访，客观真实地向校内班主任反映学生的实习情况。

（6）学生订单培养期满，应当根据考核标准对订单培养学生签署书面的鉴定意见，作为学校评定学生企业订单培养课程成绩的依据。

（四）校外兼职指导教师/企业班主任职责

（1）根据企业订单培养的要求，对订单班学生进行企业组织制度、组织文化、企业安全、岗位职责、岗位技能、操作规范、实习纪律等方面的培训，教育学生爱岗敬业，培养学生良好的职业道德。

（2）按时落实订单培养的任务，积极主动为学生进行业务指导，传授学生岗位工作所需要的技能，培养学生的职业岗位能力，锻炼学生严谨务实的工作作风和创新精神。

（3）有目的有意识地引导学生关注本企业岗位工作流程，思考企业运作或岗位工作中存在的问题，鼓励学生进行调查研究，提升学生对本专业及相关岗位的实践和认知能力。

（4）关心学生的思想、工作、生活情况与身体健康，尽可能帮助学生解决订单培养过程中遇到的困难，做好学生的思想教育和管理工作，与校内班主任或指导教师进行沟通，反馈学生的培养状况。

（5）客观公正地对学生的职业道德、出勤、工作技能、工作业绩等方面进行考核，并做出书面的鉴定意见，与校内班主任、指导教师共同评定学生订单培养的成绩。

二、合作企业选择标准及订单培养的内容要求

（一）合作企业选择标准

（1）合作企业所需的岗位人才在行业内具有较宽的就业市场。

（2）能提供明确的、适合高职学生的工作岗位。订单培养教育是针对企业特定工作岗位要求开展教学，因此，企业提供的工作岗位要求必须明确且适合高职水平的学生，订单培养才能具有明确的培养目标，才能给高职学生提供个人发展的空间。

（3）岗位需求量大，原则上5人及以上方可成班。这是实施订单培养教育的必备条件，企业只有在提供足够员工岗位的前提下，才能形成有规模的订单教育。

（4）企业应发展稳定、运作规范、能提供较为完善的培训体系和良好的培养环境。这样才能保证订单培养结束后，学生可以按照订单岗位顺利就业。

（二）订单培养的内容要求

管理学院与企业的订单培养内容应包括培养目标、教学计划、师资保障等基本要素。

1. 培养目标

管理学院与企业共同制定培养目标，要明确学生在订单培养结束后应具备的岗位技能，在满足企业岗位能力要求的同时，还要充分考虑到学生的可持续发展及全面发展的需要。

2. 教学计划

为订单班学生量身定制教学计划，是保证校企合作订单班能培养企业所需人才的重要保障。订单班教学计划的制订主要是由校企双方根据学生的实际情况和企业的需求共同制订，并以企业为主，旨在打造企业需求的人才。

（1）合理设计培训和工作内容，避免人才培养的盲目性。培训及工作内容应遵循三个原则：第一，应考虑到本行业就业市场的需求，就业方向要在培训及工作内容中清晰体现；第二，应满足订单工作岗位的需要，保证学生实现从学校到工作岗

位的零过渡；第三，要考虑学生可持续发展的需要。

（2）合理安排培训及工作的比重，激发学生的学习动力。职业能力选修课订单培养系列总学时为 288 学时，开设时间为第五学期第 1 至 16 周。企业应合理安排培训及工作的比重，体现在以下两个方面：第一，培训项目与工作交替进行，利用培训启发学生自我总结，使学生在工作岗位上有更好的发挥；第二，表现突出的学生，优先选择轮换的岗位。

3．企业师资保障

实施学生订单培养对企业师资提出了更高的要求，订单班的企业授课教师或指导教师应该由两类人员组成，一类是企业内训教师。这类教师具有讲师和工程师（经济师）双重身份，上讲台能讲课，到一线能实践操作；既能讲授理论，又能满足实践教学的需要。另一类是由企业专业人员组成的校外指导教师。合作企业派出的专业人员作为校外指导教师为学生授课或指导，不仅在实践教学方面指导学生，还可以让学生提前接受企业文化的熏陶，帮助学生更快地过渡到工作岗位。

三、订单班教学管理规定

（1）管理学院通过各班导师发布各企业订单培养的相关信息。

（2）学生按规定的时间和要求进行报名，填写报名表。

（3）各专业教研室负责根据企业要求和学生在校期间的成绩和表现，对申请加入订单班的学生进行初步筛选。

（4）组织通过初选的学生参加订单企业的面试及考核。

（5）管理学院与合作企业签订订单班合作协议后，应在一周内将订单班合作协议报行政秘书备案。

（6）管理学院、订单企业和学生签订"校企合作订单培养协议"，进一步明确三方的权利与义务。

（7）订单班合作协议签订后一个月内制定订单班教学计划，并报教学秘书。具体内容包括：企业拟对学生实施订单培养的培养目标、工作计划、工作内容、校外兼职指导教师/企业班主任、工作环境、岗位轮换等以及企业与管理学院共同制定的对学生的具体考核内容及相关说明。

（8）订单班教学计划经院主管领导审核、院长批准后方可执行。

（9）每一个订单班管理学院和企业各安排一位班主任/指导教师进行指导和管理。

（10）学生因身体等特殊原因终止企业订单培养，需提前一周申请，出示相关证明经审批通过后方可选择其他选修系列。

（11）订单班实施过程中，如果发生突发的教学安排变化，校企双方均应至少提前一周提供书面调整申请。

四、订单班学生管理规定

企业订单培养是学校落实"校企合作、工学交替"的有效途径，有利于学生在生产实践第一线培养良好的职业道德，了解行业发展现状，锻炼岗位操作技能。学生在此期间的身份具有双重属性，既是企业的一名学徒，也是学校的一名在校的学生，应同时遵守企业规章制度和学校的管理规定。

（一）学生申请"企业订单培养"的相关规定

（1）学生在完成各专业规定的基础通识课程和职业核心课程的学习之后，方具备申请接受订单培养的资格，学生可以依据每学年管理学院开设订单培养的具体通知，自主选择报名参加任一订单班的筛选报名。

（2）学生在报名接受订单培养之前应充分考虑订单培养的特殊性，对订单培养的艰苦过程和企业对员工的特殊规定有相应的思想准备，可以在申报之前对企业的基本现状有大致了解，做到申报不盲目，不跟风。

（3）学生在申报之前应完成订单培养报名登记表格的填写工作，原则上需取得家长的签字确认，一经提交相关表格即视为学生自愿申请接受订单培养，在校企双方面试确定入选之后原则上不得退出。

（4）学生在申请接受订单培养之后，一旦得到企业录取通知，即应着手进行相关准备，办理保险、办理企业规定的相关证件（如食品行业要求的健康证）等。

（二）订单培养过程管理规定及学生职责

（1）订单培养是学校人才培养方案的重要组成部分，选修"订单培养"模块的专业学生都必须按规定全程参加企业订单培养。

（2）认真学习"订单培养"选修模块的各项规章制度，明确培养目的，端正态度。学生要服从企业和学校对学生学习的安排和管理，尊重企业的各级领导、指导教师和企业员工，服从企业的岗位安排和培养地点的分配。

（3）牢固树立"安全第一"的防范意识，严格遵守操作规程。

（4）强化职业道德意识，爱岗敬业，任劳任怨，遵纪守法，做一个诚实守信、踏实可靠和文明礼貌的人。要遵守劳动纪律，不得无故迟到、早退、缺勤，不得做有损企业形象和学校声誉的事情，按照企业劳动纪律办理请假等手续；学生应认真接受企业的岗位培训和技能训练，认真对待企业组织的专项技能训练和业务知识考核。

（5）学生应关注订单培养单位的管理现状，了解国家的政策法规和市场运作机制，善于从管理的视角思考企业存在的问题，有意识地培养自己的专业技能，发挥专业优势，提升职业能力。

（6）学生在培养期间如不在学校和企业住宿，应及时汇报自己的详细住宿地点，注意住宿安全，遵纪守法。在企业学习过程中，应注意交通安全，往返结伴而行。

（7）尊重培养单位技术人员和管理人员的指导，虚心请教，主动协助培养单位或指导教师完成培养任务以外的力所能及的事情。

（8）积极主动地与指导教师联系，汇报订单培养状况，查找不足，寻求帮助，并保持通信方式的畅通，联系次数每周不得少于一次。

（9）企业订单培养期间，如果由于身体、心理等原因需要退出订单培养的，必须出具相关证明，经企业和管理学院同意，学校教务处批准，方可退选并改选其他系列，未经批准，擅离、调换订单培养单位的，"订单培养"选修模块课程成绩为零分。

（10）完成企业交给的工作及考核，认真做好订单培养工作记录，每周对培养情况进行一次总结，培养期满，独立完成培养报告，并返回学校进行培养考核及成绩鉴定。

（11）培养结束后应上交的订单培养材料：学生企业订单培养周记、培养报告（2 000字）、企业兼职教师登记表、调研报告（6 000字）和PPT，并在规定时间（具体时间提前两周通知）返校答辩订单实习情况和调研报告等。

（12）订单培养期间如遇重大问题，应及时向班级导师或订单班指导教师报告，班级导师或订单班指导老师第一时间向培养单位和学校进行汇报。

（13）严格遵守培养单位的考勤制度，特殊情况需请假时应征得培养单位的批准，并及时向校内班主任报告。如出现迟到、早退、旷工等现象，除按照企业规定处理之外，学校也将依照相关规定，从严处理，不姑息任何该类现象的发生。

（14）学生因违反订单培养企业纪律和安全规则造成的事故由学生本人负责，企业有权追究学生的相关责任。

（三）学生申请退出"企业订单培养"的规定

（1）学生一旦申请并通过企业订单培养的报名考核，即视为选择管理学院与企业联合开设的"订单培养"模块课程，必须完成订单培养的全过程，取得校企双方的成绩评定和学分认可方可毕业，除特殊原因，原则上不可以中途退出。

（2）学生如存在下列原因之一的，可申请退出：

①健康状况不佳，影响自身在企业的培养，无法胜任相应岗位的要求，在取得医院的相关证明后可申请退出。

②心理负担过大，无法继续从事相关培养任务的，经企业和管理学院审批后方可退出。

③经管理学院核准的其他特殊原因，在确认确实无法继续完成订单培养规定的任务，可申请退出。

（3）学生申请退出订单培养，应提前1周提出申请，并依实际情况如实填写相关申请表，办理相关手续后，方可回校选修其他模块课程，在取得相应学分后毕业。

（4）学生出现违纪现象，企业提出与学生解除订单培养关系的，学生除返校接受相关纪律处分外，视为在学生选修学校与企业联合开设的"订单培养"课程后，无法通过课程考核，没有得到相应学分，毕业时间相应延后。

五、订单班学生的考核与成绩评定

（1）对订单培养学生的成绩考核要以形成性评价为主要考核方式，突出对过程的考核，注重对学生在订单培养过程中所表现出来的态度、能力和综合素质的评价。

（2）考核的内容包括：思想政治表现、劳动态度、组织纪律、任务完成情况、对企业管理的认知程度及企业订单培养周记、订单培养报告等。

（3）考核采用优秀、良好、中等、及格、不及格五级制。

（4）订单培养的考核由校内指导教师和校外兼职指导教师/企业班主任共同完成，校外兼职指导教师/企业班主任的评定占70%，校内指导教师的评定占30%。

（5）校外兼职指导教师/企业班主任和校内指导教师的评价依据具体体现在订单班的授课计划中。

（6）订单培养结束后，学生必须参加学校和订单培养企业共同组织的订单培养汇报会，如无故缺席参加汇报会，订单培养成绩评定不及格。

（7）订单培养学生未参加订单培养或订单培养考核不及格的学生，其选修的"订单培养"模块课程视为不及格，学分为0分，必须随下一届学生重新参加订单培养，直至成绩合格，方可毕业，取得毕业证书。

以下是校企合作订单培养协议书样板，仅供参考。

校企合作订单培养协议书

甲方（企业）：_____

乙方（学校）：_____

丙方（学生）：_____

为积极推进校企合作，培养具有较高实践能力的专业人才，保证订单培养教学的顺利进行，经三方友好协商签订本协议，并共同遵守执行。

一、合作事项

甲乙双方建立学生订单培养合作关系。即甲方选择乙方学生作为甲方订单培养的对象，并命名为"_____订单班"，进行集中培养。

二、订单培养期限

订单培养合作期限自_____年____月____日始至_____年____月____日止。

三、各方的权利和义务

（一）甲方的权利和义务

1. 为乙方提供适合的订单岗位，实现专业与职业的衔接，培养丙方基本职业技能。

2. 甲方对乙方推荐的学生进行筛选（笔试或面试），择优确定订单培养人选。

3. 对订单班学生进行上岗前安全防护知识、岗位操作规程的培训，落实安全防护措施，避免发生伤亡事故。如发生工伤事故，由甲方参照在职员工工伤事故处理办法处理，乙方负责配合做好学生、家长等各方工作。

4. 在订单培养期间，配合乙方做好丙方的管理工作，安排具有相应专业知识、技能或工作经验的人员对丙方进行指导和管理。

5. 在丙方遵守甲方各项规章制度和保质保量完成规定的各项工作任务的条件下，甲方给予丙方每月 RMB _____ 元/人/月补贴。如甲方安排丙方出差，丙方应享受与甲方员工相同的出差待遇。甲方要求丙方在国家法定节假日工作，须按照相关规定给予加班酬金。

6. 为乙方前往甲方对丙方进行指导或管理提供方便，向乙方提供丙方订单培养期间的真实表现等信息。

7. 丙方订单培养期满，甲方应当根据考核标准对丙方签署书面的鉴定意见，作为乙方评定丙方企业订单培养课程成绩的依据。

（二）乙方的权利和义务

1. 乙方根据甲方的要求，配合甲方选拔学生进行订单培养学习。

2. 乙方制定相应订单班管理规定，根据丙方在甲方的订单培养表现，决定是否给予丙方相应课程学分。

3. 有权在不影响甲方正常工作的前提下前往甲方对丙方进行指导或管理，有权向甲方了解（丙方）的订单培养情况。

4. 对丙方在甲方的订单培养给予指导和管理，做好（丙方）订单培养前的动员与培训工作。

5. 乙方安排相关教师，配合甲方开展职业技能培训，与甲方沟通合作中遇到的各种问题，同时负责协助甲方和丙方的课程安排、教学计划的制订等工作，完成订单培养的各教学环节。

6. 对丙方订单培养期间的行为予以监督和管理，以期丙方遵守本协议及甲方的规章制度。

（三）丙方的权利和义务

1. 丙方应遵守甲、乙方订单培养的各项规定和要求，保证订单培养质量，力争获得毕业所需的学分。

2. 丙方在订单培养期间，未经甲方、乙方同意，不得无故中断订单培养的教学环节。如有特殊情况，需与甲方、乙方协商请假，特殊情况（如生病等）应出示有效证明，并回学校办理相关手续。未经甲方、乙方同意中断订单培养的，不能获得相应的学分。

3. 在订单培养期间，丙方应认真遵守企业有关管理制度和规定。

4. 丙方按规定获得订单培养期间企业应付的补贴。

5. 主动向学校指导教师汇报自己在订单培养期间的表现和相关情况。

6. 在签订本协议时，应该将此情况向家长汇报并征得家长同意。

四、协议的终止与解除

1. 协议期满自然终止。

2. 某方因不可抗力造成不能履行本协议应及时通知另外两方，适时采取措施防止损失扩大。

五、其他

其他未尽事宜由三方及时协商解决。

本协议一式三份，由甲方、乙方和丙方各持一份，经三方合法授权代表签署盖章后生效。

甲方（盖章）：   乙方签字：   丙方（盖章）：

甲方代表签字：   乙方代表签字：   丙方代表签字：

  年 月 日   年 月 日   年 月 日

订单班相关表格样板见表6-1、表6-2和表6-3。

表6-1 订单班企业需求信息汇总表

序号	订单班名称	订单班企业全称	企业详细地址	提供的岗位名称及人数	午餐与住宿（安排与否）	工作地点	岗位对学生的要求	税后实习工资	工作时间及加班与否	岗位培训内容	岗位工作内容	联系电话	对接人员	对接部门
1														
2														

表6-2 各专业订单班培养数据表

专业名称	工商企业管理	创业管理	物流管理	连锁经营	电子商务	市场营销	合计
学生数							
报名人数							
订单班录取人数/录取比							
订单企业数							
订单结束后留岗学生人数/留岗率							

表 6 - 3　订单企业培养数据表

企业名称					
招聘人数					
报名人数					
录取人数/录取比					
订单结束后留岗学生人数/留岗率					

6.4　学院内部专业协同

在传统的教学组织体系中，教研室与专业是一一对应的，教研室主任和专业带头人是专业发展的核心。在系（院）内部，专业之间的交叉大多是通过课程的形式进行的，在具有一定经验基础的学校，教研室之间可以比较容易地进行协调。但在现代学徒制培养模式下，情况会有很大的不同。

（1）现代学徒制培养和非现代学徒制培养在规则、资源、发展机会等方面有较大不同，专业之间更容易产生差距与矛盾。

（2）专业之间的交叉点不仅仅局限于课程层面，人员管理、项目开发、企业服务、招生等方面的交叉会有大幅度增加，部分工作突破了教研室主任或专业带头人的职权范围。

（3）现代学徒制的合作企业是深度合作伙伴，企业对学校提出的服务需求是综合性的，不仅仅限于对某个专业的招生，因此需要学校层面能提升系统化的服务，这也不是教研室所能协调的问题。

（4）现代学徒制必然涉及系（院）体制与机制的变革，从而需要对专业结构重新安排。

现代学徒制框架下专业间的协调，其根本在于建立一致的体制与机制，避免在教学单位出现两条路线、两种标准，要在保持适度一致性的前提下让各专业在和谐的秩序中自主发展。因此，目标、指导思想、组织结构体系、战略框架、资源配置规则等是该项工作的重点。管理学院的现代学徒制试点是从市场营销专业开始的，电子商务、工商管理、连锁经营等专业也在尝试。我们通过明确职业店长学院建设目标及相应的策略安排促进专业间的协同。调整前管理学院架构见图 6 - 1。

调整以后，围绕现代零售行业职业店长培养目标，各专业发展定位是：以工商企业管理专业为核心，以市场营销专业为龙头，以连锁经营管理和电子商务专业为两翼，以物流管理专业为支撑，在校企深度合作背景下，学校更多承担学生综合素养类课程，因为全院综合素质课程是由工商企业管理专业牵头，所以该专业是核心；因为学生就业岗位多数是营销领域，营销技能是专业性的重要体现，而且现代学徒制的试点是先从营销专业开始，以营销专业为龙头；连锁经营企业是我们对应的主要企业类型，电子商务则是现代零售业技术革新的重点方向，所以将其列为两翼；

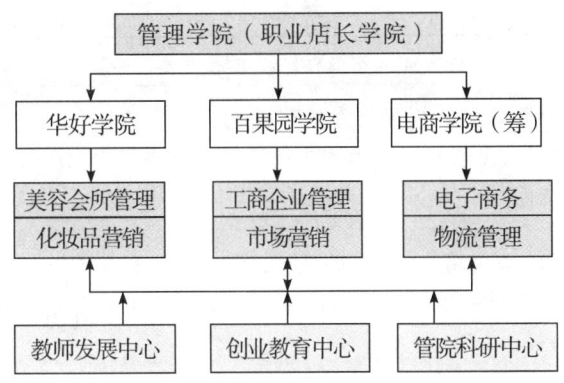

图6-1 调整前管理学院架构图

物流管理专业提供供应链管理方面的教学与服务支持。调整后管理学院架构见图6-2。店长培养目标下各专业发展定位见表6-4。

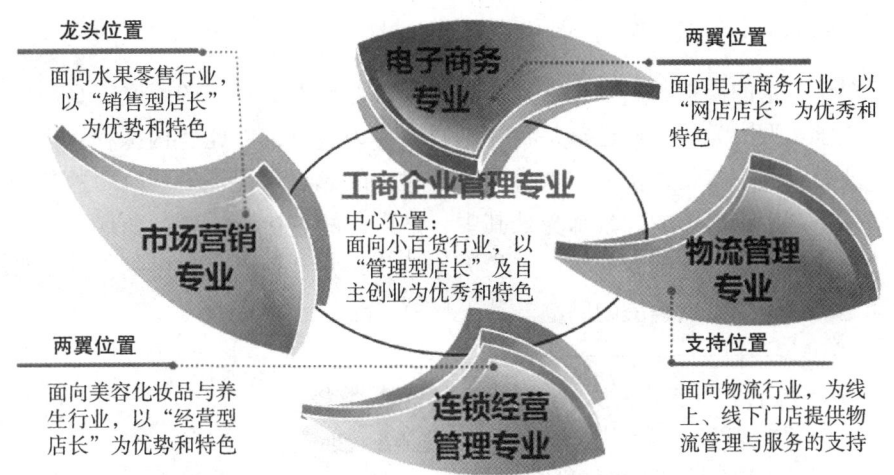

图6-2 调整后管理学院架构图

表6-4 店长培养目标下各专业发展定位

序号	专业名称	各专业人才培养目标定位	服务的企业代表
1	工商企业管理	以小百货零售为依托，以"管理型店长"培养及自主创业开店为专业发展的优势和特色	以名创优品（中国）公司为代表
2	市场营销	以水果零售为依托，以"销售型店长"培养为专业发展的优势和特色	以深圳百果园公司为代表

续上表

序号	专业名称	各专业人才培养目标定位	服务的企业代表
3	连锁经营管理	以美容、化妆品、养生行业为依托,以"经营型店长"培养为专业发展的优势和特色	以广东华好集团为代表
4	电子商务	为各专业培养店长提供"网上开店"支持;以"网店店长"培养为专业发展的优势和特色	以阿里巴巴、京东商城为代表
5	物流管理	为各专业培养店长提供"门店仓储""电商配送"等支持;以"精益店长"培养为专业发展的优势和特色	以京东商城、百世物流为代表

6.5 教师支持与引导

相对于未来的回报,因变化带来的现实压力会给人更直接的感受。高职院校沿袭了传统学术型大学的办学逻辑,将理论知识作为起点,以此建构课程;现代学徒制让职业教育回归本位,实践需求成为课程建构的起点(见图6-3)。这种变化将对教学体系产生重大影响,教师身处其中,是压力的直接承受者。如何让教师能正确看待现代学徒制,正确看待职业店长人才培养,并且积极参与进来,这是教学改革启动之初就需要重点解决的问题。

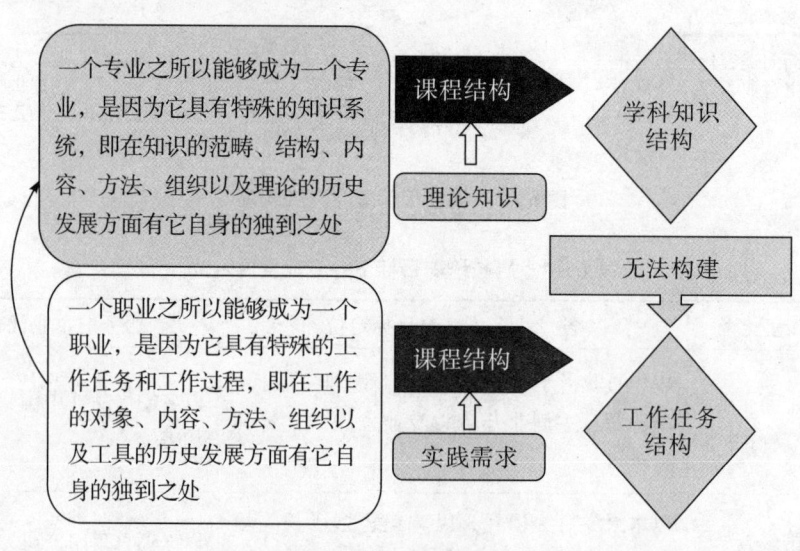

图6-3 基于理论的课程结构与基于实践的课程结构

教师们的顾虑可能包括：

（1）自己要承担更多的新课。

（2）专业课更多是在企业完成，自己原来主讲的课程会被取消。

（3）经常下企业会很辛苦。

（4）对企业实践了解不多，担心被企业看不起。

（5）企业的参与会抬高评价标准，工作压力会增大。

（6）商场变化莫测，同一个企业合作不稳定。

（7）学生跟企业签订了协议，相当于提前工作，上大学的意义何在。

（8）专业的个性降低了，不利于维护专业的地位。

（9）门店店长的层次太低了，不符合高职院校人才培养规格定位。

（10）如果学生毕业后不想去现代学徒制企业，又没有在其他企业实践的经验，这不利于学生未来的发展。

（11）国外的学徒制都有完备的保障体系，而我们国内尚未建立完备的现代学徒制政策体系，这种改革是不会成功的。

（12）现代学徒制会不会又是一阵风，吹过以后就结束了。

……

教师的思想认识问题是关乎教学改革能否有效开展的决定性因素。传统教学体系是缺少变化的，许多教师会将这种稳定性视为教育的合理性存在，而且也确有相当一部分教师最初选择来学校工作就是为了这份稳定性。人才培养需要相对稳定的环境，但必须要承认的是这种稳定是建立在对变化的适应性之上的，否则就是一潭死水。尤其是对于中国的职业教育而言，生源、体制、院校结构、经济与社会发展等方面快速变化，决定了高职院校需要主动适应变化。

但对于教师的顾虑必须要认真对待，并进行适当的解释、引导与转化。在职业店长特色学院及现代学徒制教学改革过程中，我们主要开展了如下工作。

（1）通过个别交流与教师座谈会的形式收集教师意见，让教师将想法和情绪充分表达出来。

（2）组织调研、专题培训、教学技能竞赛，增进教师对职业教育发展规律的理解，提高教师的专业能力。

（3）建立教师发展中心、名师工作室、青蓝杂志、科研中心等教师服务项目，加强沟通，增加对高龄教师及青年教师的帮扶力度。

（4）逐步调整人才培养方案，人才培养方案调整过程分梯次进行，给各教研室充分的调整时间。

（5）重点抓好专业主干课和骨干教学团队。

（6）探索教师工作绩效评价与考评方式的改革，创造机会和条件，鼓励教师个性化发展。

6.6 职业店长课程群

在职业店长培养目标统御之下，首先要厘清课程群的建设思路。长期以来，专业一直是教育界研判、计划、实施等工作的测量单位，招生、就业、教学单位内部组织结构设计以及重大项目的建设是将专业作为战略单元，而且对专业与职业之间的差异在教学安排上没有充分体现出来。测量的单位过大，势必导致对事物的思考会过于粗糙。专业内的课程容易形成集群，但专业间的课程缺少群的特征，这是专业群建设过程中普遍存在的问题。究其原因，就是改革者一直试图建立专业间的联系，但是却对建构这种联系发挥重要作用的知识点、知识模组、课程等抱轻视的态度。好比两户人家的主人高喊着要建立世代友谊，但却不为家庭成员之间的往来创造条件，结果只能是门户相对，面合心离。

没有课程群，各个专业仍然是各行其是，职业店长学院建设的目标终将成为空谈，而各个专业的故步自封也会将专业带入末路。因此，课程改革若要成功，必须要改变以专业为建设单位的思维模式，以职业店长培养目标为指导，需要将知识点、知识模组、课程提高到战略层面，淡化专业的概念，在组织结构、工作流程、资源配置等方面进行变革。

我们的尝试是：

（1）明确管理学院发展目标定位是职业店长特色学院，各个教研室（中心）需要以此为基准开展工作。

（2）将教师、学生与企业三方面的发展需求作为考量教学改革工作的依据，在现代学徒制框架下，如何满足企业的需求是教学改革决策要特别关注的因素。

（3）依据职业店长培养目标，以知识点为最小单位，梳理与建构知识体系，通过项目的形式聚合关联知识，形成项目化课程与项目团队。对每个项目课程从三个维度上界定其在课程体系中的位置。

①第一纬度：能力纬度，包括综合素质类、职业岗位类、创业类。

②第二纬度：形式纬度，包括竞赛、活动、实习、订单班、模拟、报告、演讲、创业项目等。

③第三纬度：功能维度，包括职业训导类、认识类、训练类、实习类、就业创业类。

（4）改变教研室设置方式及教研室的职能定位。教研室是以项目化课程为成员的协作机构，教研室主任主要承担行政服务职能；教研室不按照专业设置，而是依据项目的独立程度进行设置。

（5）改变专业带头人的设置方式与职能定位，专业带头人不是负责一个传统意义上的专业，而是负责一个相对独立的专业领域，一个专业带头人可能对应一个专业，也可能是两个，或者是专业的一部分内容。譬如，针对零售合伙人培养需求，设置该领域的专业带头人，它是一个相对独立的专业领域，而不是类似于市场营销、电子商务、物流管理等以延续传统学科式思维的专业。

（6）调整议事、预算、绩效评价、薪酬分配等规范与流程，建立与专业协同相匹配的规则体系。

表 6-5 为教学改革行动自我检核表。

表 6-5　教学改革行动自我检核表

自我检核内容	0 无法说明	1 稍能说明	2 基本说明	3 完全说明
A1. 教改行动考虑了学生的具体需求 A2. 教改行动考虑了学生的紧迫需求 A3. 学生对教改行动有充分的意见表达 A4. 在满足学生需求方面有具体的实现策略 A5. 方案积极回应学生集中关切的问题				
在兼顾学生需求方面的表现				
B1. 教改行动考虑了教师的具体需求 B2. 教改行动考虑了教师的紧迫需求 B3. 教师对教改行动有充分的意见表达 B4. 在满足教师需求方面有具体的实现策略 B5. 方案积极回应教师集中关切的问题				
在兼顾教师需求方面的表现				
C1. 教改行动考虑了合作企业的具体需求 C2. 教改行动考虑了合作企业的紧迫需求 C3. 合作企业对教改行动有充分的意见表达 C4. 在满足合作需求方面有具体的实现策略 C5. 方案积极回应合作企业集中关切的问题				
在兼顾企业需求方面的表现				
D1. 教改行动以职业店长学院建设为导向 D2. 教改行动考虑了店长学院发展的紧迫需求 D3. 教改行动体现了本领域的专业性 D4. 教改成果在全院的共享性				
在专业性与共享性方面的表现				

6.7 课程建设

现代学徒制框架下的课程建设首先要回答课程为谁而建的问题，也就是说课程的服务对象是谁，然后才能决定课程内容、课程结构以及课程安排计划。

"双重身份"是现代学徒制框架下学生在身份上的基本特征，学生既是在校学生，也是企业在岗员工，那么，教学单位应当如何理解"双重身份"呢？学生双重身份的特征如何体现在课程设计方面呢？从目前现代学徒制操作模式中学校、学生、企业三方的关系来分析，这种双重身份是有轻重之别的，学生首要的身份是在校学生，其次才是企业员工，原因很简单：现代学徒制是人才培养模式，而不是企业用工模式。因此，教学单位要沿着支持学生当前学习、当前在岗学习以及未来职业迁移的路线来设计课程。

但是，我们不得不思考另外一个问题：如果企业成为纯粹的配角，沦为实习单位，那么现代学徒制也就丧失了其存在的意义。在政策环境尚不健全的情况下，教学单位对上述问题会颇为纠结，如何选择取决于教学管理者的偏好。目前关于现代学徒制的相关政策没有给出明确的回答，这就需要高职院校建立自己的判断。在这些年现代学徒制试点中，我们认为首先应当坚持现代学徒制自身存在的独特性，不应该套用原有的思维定式，仅仅从手段层面思考企业的意义，所以，现代学徒制框架下学生的首要身份是企业员工，其次才是学生。

基于上述思考，课程设计至少要按照顺序对以下三个问题给出答案：

（1）如何满足企业培养店长储备人才的需求。

（2）如何满足学生在学徒岗位上的学习需求。

（3）如何满足学生未来发展的需求。

上述观点，笔者曾在自己的博客空间里发布了一位在百果园公司担任店长的毕业生的留言：

就我个人观点，我给老师参考下我看到的情况：我店也有现代学徒制员工，她是一个乖乖女，因为成绩的关系，她的家人主要是想让她通过学徒制学习拿到大学文凭。从这种制度来看，学徒制员工很多是员工角色，学校的教育课程并没有很好地帮助他们提升思想，而且个别学徒制员工属于家境不算差的，导致在门店工作中成为问题员工，让店长排斥。还有学徒制员工与门店的普通员工相比，吃苦忍耐度不够，学徒制员工大多数是本地人，他们都争相选择离家近的门店工作，情绪化更严重。另外企业制度上也不够完善，在安排学徒制员工工作上，企业人事应该就员工的特殊性安排能力和思想教育更好的店长带这部分人，建议是学校出来的店长来帮助并常带他们成长会更好。这是我的个人见解。

这位毕业生所反映的情况的确存在，这也进一步提示我们，需要与企业一起将如何维护校企合作关系纳入到课程建设中来，只有在校企之间保持良好关系的情况下，课程承载的其他目标才能实现。

有企业的深度参与，教学单位则要明确自己究竟可以在哪些方面能够给学生提供更多支持。如图6-4所示，学生大部分时间是在岗学习，职业岗位方面的专业能力以企业训练为主，学校则主要在学生方法能力和社会能力的养成方面提供帮助。

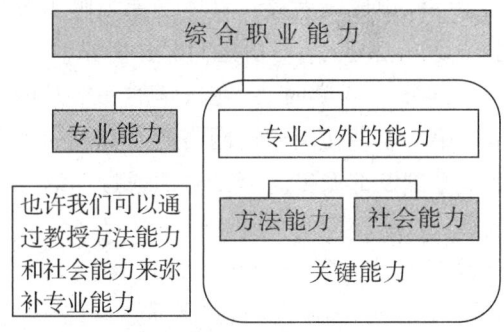

图6-4　综合职业能力结构图

用A模式代表非现代学徒制课程，用B模式代表现代学徒制课程，两类课程的对比如表6-6。A模式的课程所依据的假设是：学生未来发展的成绩取决于其是否掌握系统化的专业知识，系统化的知识及其传递方式是课程教学的重点；B模式的课程所依据的假设是：学生未来发展的业绩取决于其在岗工作业绩，课程对在岗工作的支持是课程教学的重点。

表6-6　现代学徒制与非现代学徒制课程比较

比较维度	A模式（非现代学徒制）	B模式（现代学徒制）
（1）指导思想	由教定学	因需定学，由学定教
（2）理实关系	理论→实践→理论	实践→理论→实践
（3）课程定位	知识体系中的位置	岗位工作需求中的位置
（4）方法	单向，以教为主	双向，以学和用为主
（5）建设主体	教师	企业＋教师
（6）情景	虚拟的，临时的	真实的，长期的
（7）对象	在校学生	在岗员工
（8）审查机构	学校	企业＋学校
（9）考核标准	教学计划完成程度	业绩表现
（10）课程间的联系	知识间的关联性	任务间的关联性
（11）内容	专业能力	社会能力，方法能力

百果园学院店长班课程体系基本情况如下：

人才培养目标：百果园门店店长或总部管理人员。

人才培养模式：以在岗学习为本位的现代学徒制。

课程体系及实施如下：

（1）基本素质课。

必修课：

①毛泽东思想和中国特色社会主义理论体系概论（计4学分，72学时）：在入学的一个月内集中授课14学时，安排相应的课业项目让学生第一学期在岗通过网络学习和调研的形式完成，并做出成绩考核。具体任课教师由基础课部派出。第二学期通过网络课程在线学习完成相应内容，并通过集中考试。

②形势与政策（计1学分，64学时）：在入学的一个月内集中授课8学时，安排相应的课业项目让学生第一学期在岗通过网络学习和调研的形式完成，并做出成绩考核。具体任课教师由基础课部派出。第二学期通过网络课程在线学习完成相应内容，并通过集中考试。

③大学生心理健康教育（计2学分，32学时）：在入学的一个月内集中授课6学时，安排相应的课业项目让学生第一学期在岗通过网络学习和调研的形式完成，并做出成绩考核。具体任课教师由基础课部派出。

④军训（计2学分，56学时）：学生入学后采取校内集中军训的方式完成，计相应学分。

选修课：

①体育课可结合企业组织的各类体育活动进行，体能测试采取周六日集中返校进行，每年一次，共两次。

②公共选修课，共计2学分，采用网络教学方式，课程采用"爱课程"网络教学平台中100门国家级精品视频公开课，学生选修相应1门课程，可以选择线上和线下学习相结合或者完全线上学习的方式，完成视频学习和课程任务，考核方式根据学习方式具体制定。

（2）职业能力课。

职业能力课程分为职业能力必修课和职业能力选修课，采取的教学和学习方式是：网络学习与辅导＋集中授课（理论指导）＋岗位工作实践与现场指导＋课业成果汇报。

①职业能力必修课。在课程内容上与公司的内部培训充分衔接，把新员工入职培训、晋升班长岗前培训、晋升店助岗前培训、晋升副店岗前培训、后备店长训练营、精英店长黄埔训练营培训等纳入职业能力课程内容（见表6－7）。

表6-7 职业能力必修课教学组织运行表

学期	开设课程（学时/学分）	集中授课与网络学习		在岗实践与在岗指导		任课教师	
		天数/学时	地点	学时	地点	校方	企方
第一学期	职业规划与成功素质训练（30学时，2学分）	集中授课12学时（包括集中授课1.5天），网络学习10学时	百果园广州公司培训室或学校	8学时	工作门店		
	销售型店长项目（120学时，6.5学分）	集中授课28学时（包括集中授课1.5天，新员工入职培训2天），网络学习32学时	百果园广州公司培训室或学校	60学时	工作门店		
	职业店长综合技能训练（135学时，7.5学分）	集中授课28学时（包括班长培训2天，集中授课1.5天），网络学习32学时	百果园广州公司培训室或学校	75学时	工作门店		
第二学期	职业规划与成功素质训练（30学时，2学分）	集中授课12学时（包括集中授课1.5天），网络学习10学时	百果园广州公司培训室或学校	8学时	工作门店		
	管理型店长项目（120学时，6.5学分）	集中授课28学时（包括集中授课1.5天，店助培训2天），网络学习32学时	百果园广州公司培训室或学校	60学时	工作门店		
	职业店长综合技能训练（135学时，7.5学分）	集中授课28学时（包括副店培训2天，集中授课1.5天），网络学习32学时	百果园广州公司培训室或学校	75学时	工作门店		

续上表

学期	开设课程（学时/学分）	集中授课与网络学习		在岗实践与在岗指导		任课教师	
		天数/学时	地点	学时	地点	校方	企方
第三学期	职业规划与成功素质训练（30学时，2学分）	集中授课12学时（包括集中授课1.5天），网络学习10学时	百果园广州公司培训室或学校	8学时	工作门店		
	经营型店长项目（120学时，6.5学分）	集中授课28学时（包括集中授课1.5天，后备店长培训2天），网络学习32学时	百果园广州公司培训室或学校	60学时	工作门店		
	职业店长综合技能训练（135学时，7.5学分）	集中授课36学时（包括后备店长培训3天，集中授课1.5天），网络学习24学时	百果园广州公司培训室或学校	75学时	工作门店		
第四学期	顶岗实习与毕业调研（448学时，16学分）	集中授课56学时（精英店长培训7天）		岗位实践	工作门店		

②职业能力选修课。共提供6门已建成的校级网络课程供学生选择。要求需在1~3学期内选择其中3门课程，每门课程大概32学时，计2学分。要求学生需回校集中授课1.5天（12学时），通过网络学习，教师通过在线辅导答疑完成10学时，通过岗位实践完成相应项目任务10学时，最后通过考核每门课程可获得2个学分。

职业能力选修课以网络学习、在线辅导、集中授课、岗位工作实践等形式相结合来完成。

6.8　重塑组织结构

教研室（中心）的调整是组织结构优化的一部分内容，更为关键的是建立适应人才培养模式升级目标要求的二级学院治理结构。关于院校治理结构的研究可以说是汗牛充栋，但在实践层面的表现却大不如人意。高校的体制与其所在环境有密切关系，割裂这种联系，单纯套用所谓科学化的治理理论，其效果是可以预见的。当前的现代学徒制缺少类似于德国的政策保障体系与法规体系，也缺少类似于英国的社会服务体系，在此背景下去考虑一个高职院校的二级学院治理结构，是非常有挑战性的尝试。无论如何，我们需要抱有自信，那就是：行动才是解决问题的办法，唯有在行动中的不断思考与调整才能让理想模型成为现实。

《中国青年报》2015年11月9日刊发了题为"真正可持续的学徒制需要学校蜕一层皮"报道，在这篇报道里，国内几位高职院校的校领导表达了对现代学徒制的看法，这些观点对思考如何建构适应现代学徒制要求的二级学院治理结构是有启发的。

真正可持续的学徒制需要学校蜕一层皮

......

在武汉职业技术学院举行的全国高职高专校长联席会议2015年年会上，现代学徒制成为校长们热议的话题。

在广东建设职业技术学院院长赵鹏飞看来，学徒制是把学校教育和企业培训结合起来，培养出来的学生能够适应市场需求，支持产业发展。

但调研中，他也注意到一个新的现象："有的学校把一个班的学生分成若干组，每个教师带一个组，在学校的实训车间培养学生，就说这是现代学徒制了，那肯定不对。"

在他看来，校企双主体育人意味着，从教学内容、课程体系到如何实施教学管理评价，整个过程都需要学校和企业共同完成。

如今，能够这么做的高职院校少之又少。

在苏州工业园区职业技术学院院长单强看来："现代学徒制是一个复杂的培养模式，那么多挂牌的学校说自己实现了多少比例的现代学徒制，显然不可能。"

多年来，苏州工业园区职业技术学院只办了一个现代学徒制试点班，目前正步入第四个年头，最多的时候一个班不到30名学生。张梓枭正是该校第一届学徒制班级培养出来的佼佼者。

即便只开设一个班级且人数有限，在与企业合作的过程中，学校还是遇到了来自各方面的障碍，"不同专业选拔而来的学生必须完成教育部门规定的同一份培养计划，否则不能毕业；企业选定的由第三方机构出试卷，德语试卷学生可能都看不懂。"

学徒制要搞好，学校和企业之间要深度融合。目前除了外部缺乏政策环境，内在的学校管理僵化与企业所要求的标准水火不容更是大问题。

"真正到最后能够持续下去的学徒制，需要学校蜕一层皮。"几年来，单强对此深有感触，"学校管理低效，反应迟钝。对于学生的管理与企业的管理习惯根本不能衔接。究竟按照学生还是员工来管理？这里面需要外部环境，也需要学校内部治理结构和机制的变化。"

技术技能积累与传承，是宁波职业技术学院副院长任君庆看重的现代学徒制的本质，"现在许多的学徒制培养压根儿不是真正意义上的现代学徒制，还有人搞点民间工艺进校园就以为是现代学徒制了。"

在单强看来，作为一种人才培养的模式，现代学徒制在中国"走了样"。在高职院校普遍把订单班、定向班等固有的形式变种称为"现代学徒制"时，单强将之称为"中国特色现代学徒制"，但中国特色能否给现代学徒制带来出路依旧值得探讨。

单强认为，国外企业不仅有传承了 200 多年的培育人才的产业基因，还有完善的社会责任考核体系，这些都是现代学徒制的保障。但国内在这方面显然是欠缺的，现代学徒制的根子在企业，而有时候学校无法驱动企业。

唐山工业职业技术学院院长田秀萍也表示："政府对企业家、对企业承担学徒制工作量的时候，应该有一套评价体系。对于教育、学徒制的支持，应该纳入企业考核，让企业有责任、义务和动力去做这个事情。"

在任君庆看来，国家出台现代学徒制的相关政策，要根据每个地方的经济、社会发展情况和这个区域技术技能的发展情况来准确制定方案，区域之间存在差异性，不能一刀切。同时，要重视学生的技术技能提升和学生将来就业质量的提升，而非外在形式，"现代学徒制应该是校企合作的进一步深化，现在很多学校都在推，但是能不能真正做出内涵，还有待时间考验。"

从几位校领导的表述中，可以得出如下判断：

（1）现代学徒制缺少政策与法律支持，企业和院校承担了额外的风险与成本，这为此项工作的广泛与深入开展带来重大阻碍；在现行背景下开展现代学徒制，需要找到弥补政策缺失的具体策略。

（2）体制方面的差异是现代学徒制框架下校企沟通的主要障碍，在此背景下开展现代学徒制，需要找到实现校企顺畅沟通的具体策略。

（3）当前的学徒制能否办成功关键在企业的意愿与投入，这就意味着，企业合作意愿对现代学徒制工作有决定性影响；在此背景下，院校需要找到应对这种不确定性的具体策略。

面对这样一个时代性与不确定性都非常突出的课题，开展现代学徒制试点的院校都在积极尝试，我们的探索是围绕着上述三个判断展开的，具体操作如下。

（1）选择合适的企业伙伴。

前文已经提到我们的合作伙伴具有高成长态势，有对店长储备人才的旺盛需求。除此之外，企业伙伴的主要管理人员具有主动开展校企合作的意识与能力同样是极为重要的。可以说，在制度不健全的情况下，这一点是让现代学徒制合作框架能够充满活力的源泉。图 6-5 是百果园校企合作总监熊自先先生对校企合作布局的理解，其深入与具体的程度恐怕连职业教育的专家都难以企及。可以说，我们进行了治理结构的设计，但让这些结构运转起来的是熊自先先生这样的合作伙伴。

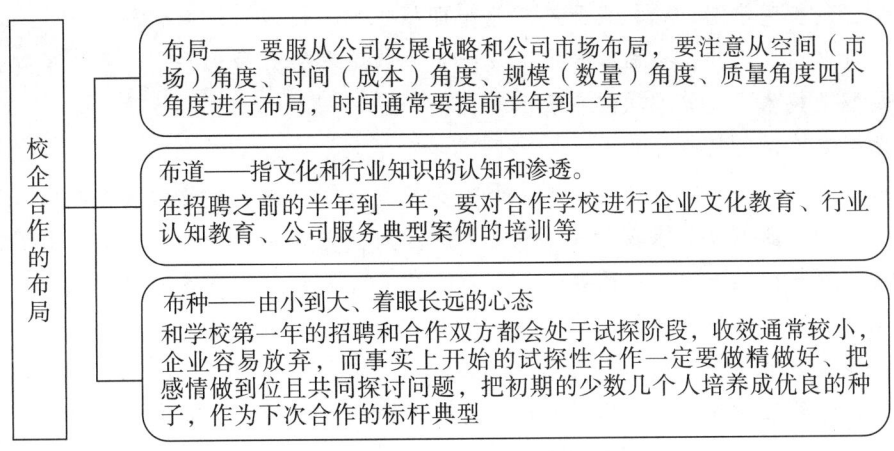

图6-5 百果园校企合作总监对校企关系的理解

（2）优化组织结构。

百果园学院采用理事会领导下的院长负责制，在如何搭建内部结构问题上，我们的思考是：

第一，校企双方需要以文件的形式确认百果园学院的性质、目标、机构等重要事项。

第二，理事会的负责人及百果园学院负责人必须是具体业务的负责人，不设虚职，不挂名。

第三，双方人员互聘，校方聘企方人士为兼职教师，企方聘校方人士为顾问，保持双方人员互通。

第四，教研室融入百果园学院。

广州番禺职业技术学院 深圳市百果园实业发展有限公司
共建百果园学院框架协议

甲方：广州番禺职业技术学院

乙方：深圳市百果园实业发展有限公司

根据党的十八届三中全会和全国职业教育工作会议精神以及《国务院关于加快发展现代职业教育的决定》和《教育部关于开展现代学徒制试点工作的意见》，为深化产教融合，进一步完善校企合作育人机制，创新人才培养模式，甲乙双方本着服务社会、相互支持、优势互补、共同培养果品流通业高层次技术技能型人才的宗旨，在平等自愿、协商一致的基础上，就共同成立"百果园学院"达成以下协议：

第一条 合作内容

利用双方各自拥有的资源，共同成立"百果园学院"，学院定位于双主体办学、双元培养的特色学院，并积极开展"招生即招工、入校即入厂、校企联合培养"的现代学徒制试点工作，全面提升技术技能人才的培养能力和水平。百果园学院由广州番禺职业技术学院管理学院负责运营。

第二条　运行机制

一、百果园学院实行理事会领导下的院长负责制。理事会暂由八人组成，条件成熟可增加行业人员及职教专家。甲方委派四人，乙方委派四人，理事长由甲方担任，副理事长由乙方担任；理事会负责学院发展规划、专业设置、招生计划和重大建设项目、人才培养方案的审定，负责学院院长及相关项目负责人的推荐和考评，以及其他重大事项。

二、学院设院长一人、执行院长一人、教研室主任一人，院长由乙方担任，执行院长由甲方担任并主持日常工作，教研室主任由甲方担任并牵头落实各项教学工作。

三、乙方委派人员视情况按照甲方校编人员或企业兼职教师进行管理，乙方聘甲方委派人员（理事长、执行院长、办公室主任）为企业顾问并按照乙方相关规定进行管理。

第三条　招生与招工

一、百果园学院依托管理学院现有专业开展人才培养，根据发展情况新增或优化以果品流通产业链为依托的专业或专业方向。招生对象为符合国家和广东省招生要求的普通高中毕业生、相关专业中职毕业生或行业企业在岗人员；学习年限及学习方式遵照相关政策执行。

二、甲、乙双方联合研制招生与招工方案，共同探索改革考核方式、内容和录取方法，逐步实现招生与招工的一体化。

三、对通过考核进入百果园学院的学生，乙方需要与学生签订带薪学徒协议。对带薪学徒的管理参照乙方实习人员管理办法执行，学徒期满，考核合格，本着平等自愿的原则，乙方需要与学生签订正式用工合同。

第四条　专业建设

一、人才培养方案的制定。深入调研行业、企业，根据专业就业岗位，分析专业需求的知识、能力要求，确定专业课程体系，共同制订人才培养方案。

二、师资队伍建设。百果园学院实行"双导师"制，双方共同制定导师团队建设规划，联合培养师资队伍。乙方需要建立相关制度，为企业导师落实学徒指导工作提供保障。乙方每年提供2~3个中层及以上管理岗位供甲方专任教师到企业挂职锻炼，甲方负责教师挂职锻炼期间的相关待遇。学校负责企业教师关于职业教育规律、课程开发与实施等方面的相关培训。

三、课程及教材建设。专业公共课程、专业理论课程建设以甲方为主，乙方参与；专业技能课程以乙方为主，甲方参与。学院按照甲方的相关规章制度对双方共同建设的课程及教材予以资金支持。

四、实训条件建设。专业所需校内实训室主要由甲方建设，乙方参与，校外实训基地主要由乙方建设，甲方参与。

　　第五条　双方责任

　　一、甲方责任

　　1. 负责百果园学院的建制和根据乙方建议进行课程设置。

　　2. 负责按照国家和学校相关要求指导百果园学院的教学组织和管理以及学生管理工作。

　　3. 负责牵头组织课程及教材的建设工作。

　　4. 负责校内实训基地的建设。

　　二、乙方责任

　　1. 与甲方一起探索联合招生、联合培养的新模式。

　　2. 负责专业技能课程或模块及教材的建设工作，参与公共课程、专业理论课程或模块及教材的建设工作。

　　3. 负责专业所需校外实训基地的建设工作。

　　4. 负责学生在乙方带薪学徒及顶岗实习工作，录用或推荐毕业生就业。

　　5. 为学校教师挂职锻炼及科研工作提供便利。

　　6. 未经甲方同意，乙方不得与其他院校联合申报教学成果奖等方面的奖项。

　　第六条　双方权利

　　一、甲方权利

　　1. 有权对百果园学院进行监督、管理，保证教学管理符合法律法规与高职教育规律。

　　2. 与乙方共同拥有"百果园学院"的知识产权。

　　二、乙方权利

　　1. 有权对百果园学院的教学管理提出建议，有权建议甲方根据乙方的生产经营与行业发展的需要在国家规定的范围内设置专业、课程与开展教学。

　　2. 与甲方共同拥有"百果园学院"的知识产权。

　　第七条　产学合作

　　双方约定，根据实际情况和双方意愿，可在人员互兼互聘、新产品开发、技术服务等方面开展产学研密切合作。具体项目另行商定。

　　第八条　合作期限

　　本协议合作期限为六年。合作期满，若双方没有提出异议，则协议自动延期六年，依此类推。

　　第九条　履约与免责

　　一、双方诚意全面履行本协议。任何一方有不符本协议或有违法行为时，应自动纠正并采取必要的补救措施，并为此承担责任，因此给另一方造成损失的，应予以赔偿，同时，另一方有权单方面终止本协议履行。

二、因不可抗力造成不能履行本协议部分或全部义务的，可免予承担责任，但应及时通知对方，适时采取措施防止损失扩大。

第十条 其他

一、本协议一式四份，双方各持两份，经双方法人代表签字并加盖单位公章后生效。

二、未尽事宜由双方协商解决，以补充协议明确规定，补充协议与本协议具有同等效力。

甲方：（公章）　　　　　　　　　　乙方：（公章）

代表（签字）：　　　　　　　　　　代表（签字）：

日期：　　年　月　日　　　　日期：　　年　月　日

关于成立百果园学院的决定
（深圳市百果园公司文件）

根据公司发展战略对人力资源管理的要求以及水果大学建设的基本规划，公司决定与广州番禺职业技术学院联合成立百果园学院，共同培养百果园公司未来发展需求的门店管理、物流管理、电子商务、采购等岗位紧缺的人才。

百果园学院定位于双主体办学、双元培养的特色学院，并积极开展"招生即招工、入校即入厂、校企联合培养"的现代学徒制试点工作，全面提升技术技能人才的培养能力和水平。公司将与广州番禺职业技术学院倾力打造百果园学院，并共同拥有全部与百果园学院相关的知识产权，条件成熟时在全国各地开设百果园学院的连锁学院，为百果园大学的建设与发展创造条件。

百果园学院依托广州番禺职业技术学院管理学院相关专业进行建设和发展，并采取理事会领导下的院长负责制。百果园学院理事会及日常机构组成如下：

理事长：阚雅玲（广州番禺职业技术学院管理学院院长）

副理事长：徐艳林（深圳市百果园实业发展有限公司总经理）

理事：谭福河（广州番禺职业技术学院管理学院副院长）

　　　胡子瑜（广州番禺职业技术学院管理学院副院长）

　　　门洪亮（广州番禺职业技术学院管理学院连锁经营管理教研室主任）

　　　熊自先（深圳市百果园实业发展有限公司人力资源总监）

　　　陈修历（深圳市百果园实业发展有限公司人力资源部副经理）

　　　刘飞（深圳市百果园实业发展有限公司广州综合管理部经理）

百果园学院院长：熊自先（深圳市百果园实业发展有限公司人力资源总监）

执行院长：谭福河（广州番禺职业技术学院管理学院副院长）

教研室主任：门洪亮（广州番禺职业技术学院管理学院连锁经营管理教研室主任）

关于成立百果园学院的决定
（广州番禺职业技术学院文件）

根据党的十八届三中全会和全国职业教育工作会议精神以及《国务院关于加快发展现代职业教育的决定》和《教育部关于开展现代学徒制试点工作的意见》，为深化产教融合，进一步完善校企合作育人机制，创新人才培养模式，学校决定成立百果园学院。

百果园学院由广州番禺职业技术学院与深圳市百果园实业发展有限公司共同成立，定位于双主体办学、双元培养的特色学院，并积极开展"招生即招工、入校即入厂、校企联合培养"的现代学徒制试点工作，全面提升技术技能人才的培养能力和水平。

百果园学院依托管理学院相关专业进行建设和发展，并采取理事会领导下的院长负责制，百果园学院理事会及日常机构组成如下：

理事长：阚雅玲（广州番禺职业技术学院管理学院院长）

副理事长：徐艳林（深圳市百果园实业发展有限公司总经理）

理事：谭福河（广州番禺职业技术学院管理学院副院长）

胡子瑜（广州番禺职业技术学院管理学院副院长）

门洪亮（广州番禺职业技术学院连锁经营管理教研室主任）

熊自先（深圳市百果园实业发展有限公司人力资源总监）

陈修历（深圳市百果园实业发展有限公司人力资源部副经理）

刘飞（深圳市百果园实业发展有限公司广州综合管理部经理）

百果园学院院长：熊自先（深圳市百果园实业发展有限公司人力资源总监）

执行院长：谭福河（广州番禺职业技术学院管理学院副院长）

教研室主任：门洪亮（广州番禺职业技术学院管理学院连锁经营管理教研室主任）

（3）组建执行力强的工作团队。

图6-6是百果园学院工作月报表的截图，这份截图是很直接的说明学校与企业在工作方式与工作风格上存在很大差异。如果工作团队没有执行力，就意味着企业的投入没有回报，也就意味着百果园学院将失去存在的基础。国内冠以校企合作名义的学院有很多，那些能够生存下来并且办得越来越好的，主要依靠一个有执行力的工作团队。

一、项目基本情况				
项目名称	百果园学院项目组	项目编号		2015009
制作人	门洪亮（执行秘书）	审核人		阚雅玲、徐艳林
项目经理	熊自先	制作日期		2015/4/28
当前项目状况	□ 按计划进行	□ 比计划提前		□ 落后计划
汇报周期	每月月末汇报百果园学院课程组项目建设进度			
二、当前任务状态（简要描述任务进展情况）				
关键任务	状态指标	状态描述		
1.百果园学院现代学徒制招生工作顺利进行，已经通过面试46人。	完成	1.该项工作从春节假期已开展，春节期间主要是制定现代学徒制招生方案、实施方案等上报学校和省教育厅，期间校企双方多次沟通协调。 2.招生宣传工作顺利开展，百果园学院的10位老师，平均每位老师负责30多所省内中职校对口联系，发送招生信息，并及时给对方提供相关问题的答疑。最终有60多名学生报名，远远领先学校其他试点现代学徒制的专业报名情况，工作成效得到省教厅和学校的分肯定和表扬。 3.抽派2名专业教师进行为期1周的笔试试题出题工作，抽派1名老师制定面试方案和面试题工作。 4.感谢阚院长亲自推进此项目工作，25号阚院长、谭院长亲自主持相关面试和笔试工作，连滨和陈菲参加了相关面试工作。		
2.番禺职院管理学院选专业到百果园店长班学生共124人，其中第一志愿24人，第二志愿44人，第三志愿56人。预计至少可以确保一个班的人数。	完成	各个班的老师和辅导员都相当给力，非常好。 老师集中辅导、答疑不低于5次。另外针对学生选报百果园店长班召集学生集中辅导3次，阚院长均有参加。		

图6-6 百果园学院项目状态月报表截图

百果园学院的执行团队具备如下特点：

①成员由校企双方派员组成，由企方人员担任负责人。在百果园学院，院长由百果园公司校企合作总监担任，执行院长和教研室主任由校方教师担任。

②百果园学院的工作内容与团队成员原来的工作内容保持一致，也就是说，百果园学院不会成为额外的负担，而是会进一步帮助这些成员提升原来工作的绩效。担任百果园学院院长企业高管，其工作职责就是拓展校企合作，百果园学院为这项工作提供了更多机会和资源，为其在该领域的发展提供了更大平台；担任执行院长和教研室主任的教师则可以通过百果园学院将原本零散的校企合作资源聚合起来，更专注于职业店长人才培养，专注于现代学徒制模式探索实践。

③借助社会服务机构的力量。校企双方选派的专职人员是团队骨干，这些人是项目的运营者，但不是项目执行团队的全部。围绕骨干成员搭建一个社会化的执行网络是提升执行团队运行效率与运营绩效的重要内容。譬如：可以通过选聘优秀的兼职教师承担部分课程内容，让校内专职教师更专注于其专业领域；可以通过将企业对员工培训的资源转化为现代学徒制人才培养的教学资源库，减少校内专业教师积累教学资源的压力；可以借助企业教育信息化平台弥补学校网络教学体系的不足。总而言之，执行团队的建设不仅仅是选派人员的问题，更是一项以执行能力建设为核心的系统化工作。

（4）搭建职业教育联盟。

关于职业教育联合体的组建问题在随后有专题述说，此处简略解释为什么要在治理结构安排中设立职业教育联盟。

管理学院所属专业都在积极尝试与企业共建特色学院，百果园学院、华好学院、名创优品学院、电商学院等都有很好的基础，如图6-7所示。在校企共建特色学院过程中，我们逐步意识到三个突出的问题：

第一，如何进行工作协同，让管理学院的发展能够适度聚焦？

第二，如何实现学校行政机制与企业市场机制之间的有效沟通？

第三，如何从以单纯的人才培养为内容发展模式向以人才培养为核心的店长职业教育服务模式转变？

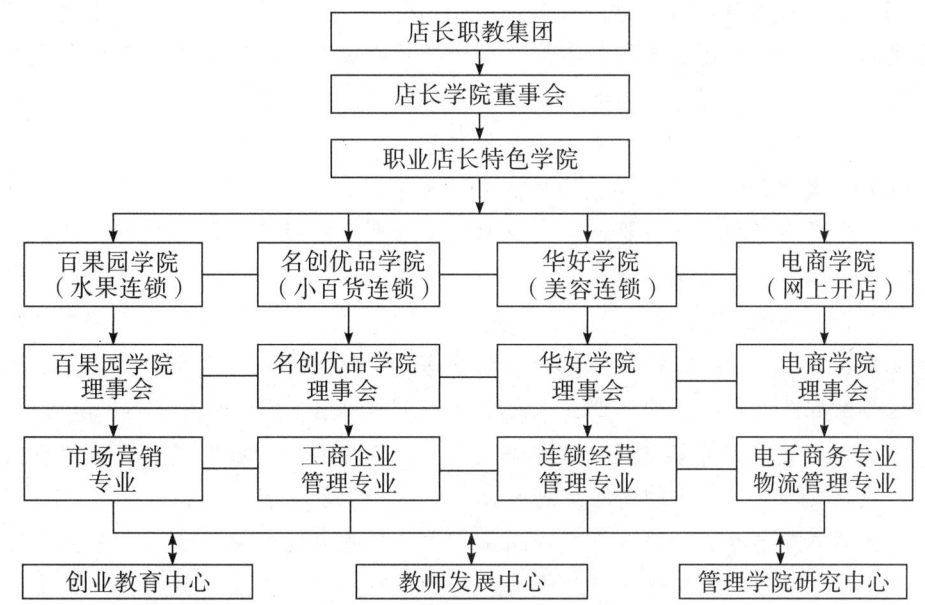

图 6-7　职业店长特色学院结构图

以下是教学团队在研讨特色学院建设时（2016 年暑假），管理学院院领导给大家的留言，这是我们对以往工作的总结，也是对建立职业教育联盟的思考。

各位：我们知道工管专业和电商专业假期正在洽谈校企合作，并感受到企业很有实力，也很有诚意，且与我们有较为一致的目标。我感觉管理学院在大家的努力下将开启新一轮的、更有深度和广度的校企合作。考虑到大家在做方案及相关准备，有如下意见供大家参考。开学后，我们将开会进一步研讨。

（1）在这个迭代升级的时代，校企合作也不例外，必然处在一个以变化而非稳定为特征的环境中。大家不要沿用固有的思维，需要在前期的基础上，不断完善和创新。

（2）华好学院带给我们的思考是：企业变动很大，不能单纯依靠一个企业，也不适宜以一个企业的名称给学校的教学机构命名，这对企业对学校都不是很好的选择。

（3）店长人才培养是我们的魂，同某个企业的合作是体，大家要清楚个案与共性追求的区别，不要因同某个企业关系的变动而放弃初衷，所以我们要成立店长学院和店长职教集团，用更高层次的结构和信仰引领我们的工作。

（4）百果园学院和百果园职教联盟将校企合作引入从未有的深度，但学校行政机制与企业市场机制的矛盾并没有很好地解决，若想突破，达到一定的高度和广度，则需要升级为店长学院和店长集团，借此在体制机制上进行变革，这是对职业店长人才培养事业的最大贡献，也将会给各位老师的发展提供更有效率的支持。现代学徒制和百果园学院为下一步的工作提供了机会和基础。

（5）我们一直说百果园学院与华好学院的区别在于以企业为主导，事实上没有完全做到，以至我们还是要花很多精力去经营百果园学院和百果园联盟。如果各专业也沿用这种模式，管理学院将变成一个庞大甚至臃肿的机构，我们院长、副院长身兼数职，不仅效率低下，而且大家都会非常累。

（6）另外我们若一边向学校申请成立店长学院和店长集团，一边再申请成立名创学院、电商学院和名创联盟，学校也无法批准两个层级的学院。目前我们认为各专业在店长学院和店长集团的旗下可以成立以企业冠名的专业学院或叫企业学院，但它是企业主导来设立。企业发文件或与管理学院联合下文。关键的问题是真的要以企业的主动性为基础，提供资源，甚至管理。现代学徒制模式要坚持以企业为主导，这是对职业教育规律的尊重，也是学校、学生和企业各方利益得到保障的前提。

（7）我们要清楚自己在校企合作中的定位，清楚我们的社会责任，清楚我们的优势。我们要从立德树人的角度去思考自身的责任以及角色定位，从职业店长培养社会体系的角度思考自身的价值定位；我们的优势是有能力将分散的经验总结提炼为标准，让职业店长人才培养更加规范、有序、可持续，有教育网络推广标准，帮助企业在更大范围内获取人才和培养人才。前提是企业与我们有共同的目标，并一定舍得投入资源和精力。这是我们选择伙伴的基本依据。

6.9 师资队伍建设

相比于传统的教学情景，教师在现代学徒制情境下要面临更多挑战，譬如不稳定性增加、团队结构更加负责、工作的结果导向更加突出、工作业绩评价维度更加丰富等。与此同时，教师也将获得更加开放的、多样化的、高效率的发展支持，教师发展的路径也会更加多元化。从静态知识的传播者向价值创造者的转变将是一个挑战，但挑战与突破本就是教师职业的内在特征。管理者需要做的是与大家一起形成认同，一起克服调整期的阵痛，并借助结构、制度、标准等方面的调整，重塑一个适应现代学徒制职业店长培养模式的师资团队。

管理学院有60多位教师，平均年龄35岁左右，对进一步发展的渴望是这个团队前进的最大动力，也是进行现代学徒制探索的最强有力的支撑。学校鼓励二级学院探索教师队伍管理的新模式，这又为我们的改革提供了机会和政策保障。

（1）转变观念。

现代学徒制人才培养模式是开放的，这就决定了师资队伍建设工作的开放性。需要什么样的师资、师资从哪里来、如何优化结构等，诸如此类的问题都需要在一个开放性的情境中去寻找答案。

（2）优化结构。

在企业深度参与人才培养过程的情况下，校内专业教师有精力也有必要更专注科研和社会服务，因此需要提升师资队伍整体的研究能力与开发能力。从2014年开始，我们将引进教师的重点放在了高层次人才方面。同时，通过教师下企业的方式，让更多教师具有企业实践经历，强化教师服务企业实践的能力。

（3）调整建构组织体系的思路。

阿里巴巴集团执行副总裁兼参谋长曾鸣为《重新定义公司》［（美）施密特］这本书写过一篇序言，题目是"赋能：创意时代的组织原则"。我们在现代学徒制探索中所进行的内部组织结构调整，遵循的就是这些基本原则。通过寻找教师个人兴趣与职业店长学院建设目标的结合点，以项目的形式为教师发展搭建个性化发展平台，同时通过教师发展中心、创业教育中心、管理学院研究中心等平台服务促进项目之间能协同发展，在立足个性发展的基础上维护适度的一致性（对职业店长人才培养的追求）。

赋能：创意时代的组织原则

当信息文明全面取代工业文明的时候，公司，这个工业时代最重要的组织创新，也必须被超越。

然而，什么才是互联网时代的创新组织模式？

未来企业的成功之道，是聚集一群聪明的创意精英（smart creative），营造合适的氛围和支持环境，充分发挥他们的创造力，快速感知客户的需求，愉快地创造相应的产品和服务。这意味着组织的逻辑必须发生变化。传统的公司管理理念不适用于这群人，甚至适得其反。

虽然未来的组织会演变成什么样，现在还很难看清楚，但未来组织最重要的功能已经越来越清楚，那就是赋能，而不再是管理或激励。

工业时代最深刻的观察者彼得·德鲁克，把过去200年的组织创新总结为三次革命。

第一次是工业革命，核心是机器取代了体力，技术超越了技能。

第二次是生产力革命，大致从1880年到第二次世界大战，核心是以泰勒制为代表的科学管理的普及，工作被知识化，强调的是标准化、可度量等概念。公司这种新组织正是随着科学管理思想的发展而兴起。

第三次是管理革命，知识成为超越资本和劳动力的最重要的生产要素。和体力劳动相比，知识工作者是否努力工作很难被直接观察和测量，相应地，管理的重心转向激励，特别是动机的匹配。期权激励是这20年高科技企业大发展最主要的组织创新。

沿着这个思路，我把我们正在面临的时代大变革称为第四次革命，即创意革命。

在可见的未来，机械性的、可重复的脑力劳动，甚至较为复杂的分析任务，都会被机器智能取代。但人的直觉，对知识的综合升华能力，是机器暂时难以超越的。相对应的，未来社会最有价值的人，是以创造力、洞察力、对客户的感知力为核心特征的"创意精英"。

而在创意革命的时代，创意者最主要的驱动力是创造带来的成就感和社会价值，自激励是他们的特征。这个时候他们最需要的不是激励，而是赋能，也就是提供他们能更高效创造的环境和工具。以科层制为特征、以管理为核心职能的公司，面临着前所未有的挑战。

赋能的原则如何体现？

第一，激励偏向的是事成之后的利益分享，而赋能强调的是激起创意人的兴趣与动力，给予挑战。

唯有发自内心的志趣，才能激发持续的创造。命令不适用于他们。因此，组织的职能不再是分派任务和监工，而更多是让员工的专长、兴趣和客户的问题有更好的匹配，这往往要求更多的员工自主性、更高的流动性和更灵活的组织。我们甚至可以说，是员工使用了组织的公共服务，而不是公司雇佣了员工。两者的根本关系发生了颠倒。

第二，赋能比激励更依赖文化。文化才能让志同道合的人走到一起。

创意精英再也不能用传统的方法去考核、激励，公司的文化氛围本身就是奖励。本质上他们都是自驱动、自组织的，对文化的认同非常较真。为了享受适合自己的文化，创意精英愿意付出、拥护、共创。一个和他们的价值观、使命感吻合的文化才能让他们慕名而来，聚在一起，奋发进取，因而组织的核心职能将演变成文化与价值观的营造。

第三，激励聚焦在个人。而赋能特别强调组织本身的设计、人和人的互动。

新兴学科，例如复杂网络和社会物理学的研究，都指出人和人之间的互动机制的设计对于组织的有效性可能远大于对于个体的激励。

谷歌那些声名远扬的免费服务，不仅仅是提供员工福利，提高员工的生产力，很大的一个目的是增加他们的互动。2009年我参观谷歌的时候，他们介绍到餐厅等待的时间基本控制在4分钟，正好让人可以简单寒暄和交流（大于4分钟就很可能拿出手机干自己的事了）。良苦用心，让人深思。

创造是很难规划的。只有提供他们各自独立时无法得到的资源和环境，有更多自发碰撞的机会，才能创造最大的价值。谷歌AdWords广告体系的突破就是5个员工在玩桌球的时候，看到拉里·佩奇对广告质量的挑战，一个周末就把AdWords广告体系的算法搭建完成。而且这五个人没有一个人是广告部门的。这个传奇背后依然是一系列配套的机制设计，例如每周员工大会的透明沟通、员工的自主权、跨部门调动资源的能力等。所以，促进协同的机制设计，这是未来组织创新最重要的领域。

德鲁克在他最后一本书《21世纪的管理挑战》中提到，预测未来的最好方法是参与创造。我相信，未来10年将出现比谷歌更让我们兴奋的新型组织。让我们不辜负这个时代，全力以赴，共同创造赋能的组织。

（4）转变评价方式。

传统教学模式下，对教师工作的评价是围绕课程教学展开的（也有些学校是以科研为基础），过程性的评价更多，而且因为教与学之间的不对称性，过程性评价往往流于形式。

现代学徒制模式下，学生的另外一种身份是员工，教师与学生的关系发生了本质上的变化，教学的性质也有了颠覆性的改变。教学不仅仅是为了让学生成才，还有另外一重使命是让学校和教师在人才培养生态系统中处于有竞争力的位置。在现代学徒制模式下，后一重意义更为突出。

与组织结构调整相适应，对教师的评价方式也需要调整。我们做过一些尝试，概括为以下三点：

第一，在坚持育人过程评价为基础的前提下，突出成果导向。

第二，与教师多元化发展相适应，建立涵盖多元化、多层次工作成果的评价原则。

第三，将企业意见纳入考评体系。

在现有高校管理体制下，二级学院还难以建立完全符合上述理念的、系统化的人员评价体系。我们是通过"简单的制度＋文化引领"的方式让教职员工能够清楚什么样的行为是管理学院所需要的。所以，我们没有复杂的制度设计，也不会将评价放在事后，而是在平时注重通过培训、研讨、座谈等形式对教师行为的引导。

教师工作指引

如果你是团队的领导者，那么：

（1）方向比努力更重要，要找准自己的角色，与组织的发展方向保持一致。

（2）思想比行动更重要，要更新自己的理念，变化是永恒的，稳定是暂时的。

（3）责任比兴趣更重要，要得到利益相关者的认可，须做到兴趣激发自己，责任感动他人。

（4）换位比定位更重要，要赢得横向的支持，给他人带来的价值是自身定位的根基。

（5）动力比能力更重要，要调动成员的积极性，团队比个人走得更远。

（6）功劳比苦劳更重要，要重视达成团队绩效，收获是工作的重要内容。

（7）规则比偏好更重要，要尊重制度，要按照规则完善制度，而不是根据偏好践踏制度。

如果你是一位教师，要修好以下课程（见图6-8所示）。

第一堂课：增强个人进取心	第二堂课：培养积极心态
第三堂课：培养诚信素养	第四堂课：科学管理时间
第五堂课：学会有效沟通	第六堂课：培养合作能力
第七堂课：培养创新能力	第八堂课：提升员工执行力

图 6-8 管理学院教师需要修习的八堂课

6.10 学生管理

现代学徒制学生的大部分时间是在岗学习，企业在学生管理中发挥主要作用。学校在学生管理方面主要有三项常规工作：

（1）学籍档案管理。

（2）学业管理，与企业一起完成教学任务。

（3）学生关系维护。

本书第一部分就已经明确我们对现代学徒制学生的看法，他们不同于一般学生，他们是学校未来的战略伙伴，他们是职业文化的传播者。因此，学生关系维护工作是极为重要的。如果因为企业的加入，学校疏于维护与学生的关系，这对学校是非常大的损失。

除此之外，对现代学徒制学生要做好情感沟通的工作。现代学徒制学生的特殊身份会让学生在入学（入职）早期很不适应，他们会感到自己既不属于学校，也不属于企业，会产生一种被孤立的情绪。所以，早期阶段需要学校教师和企业师傅格外关注学生情绪和心理问题。我们在早期会安排教师经常与学生保持沟通，了解问题后，及时与企业沟通解决方案。这是百果园学院能有很高学生保留率的重要原因。

学徒制学生下店情况汇报

2015 年 9 月 19 日，现代学徒制 41 名学生从学校出发，来到百果园总部报到。通过学习百果园企业文化与精神、店面区域意愿交流以及劳动合同签订三个流程后，学生们陆陆续续前往所分配的门店，并于 9 月 20 日 3 点前全部到达门店。目前分配到番禺门店的有 21 名学生（其中 2 名学生在公司新设置的储备干部店重点培养，店长是 2011 级校友杨金清同学），16 名学生在广州其他区域门店，剩下 4 名学生在江门门店（学生意愿要求）。

学生们基本还处于适应阶段，整体情况比较稳定。通过电话沟通、委托班委收集问题、下门店和学生及店长访谈等方式，了解到基本情况如表 6-8 所示。

表 6 - 8　学徒制学生下店情况汇总表

问题及描述		建议对策		备 注
		校 方	企 方	
工作	部分店长不清楚储备干部报到的事情；部分店员对储备干部有些抵触，交流较少，使学生感到忐忑	做好学生心态教育和情绪的安抚；定期关注指导，甚至是去店内看望	提前和店长进行沟通；对店长的团队管理进行辅导	学生在入职初期普遍有适应期，现代学徒制学生因其身份特殊，感觉会更强烈，这是我们面对的新课题
工作	工作时间相对较长，强度大	引导学生认识服务业，在工作中寻找乐趣；工作积极主动，自我学习，设定目标	做好沟通与疏导工作	学习与工作的双重任务会加重学生对工作时间的负面理解
生活	如何在宿舍同新成员相处	引导学生自我管理，从小事做起	加强宿舍环境卫生的检查、监督；加强员工教育	校园宿舍与员工宿舍会有差异，新一代学生更渴望独立的生活空间
学习	课程时间安排在周末，对于店内的工作安排造成影响	今后的理论课程，尽量安排在周一到周五的时间，或者借助线上学习	本学期希望人事可以和店长提前沟通，避免人手安排上的被动	通常门店的人流量和促销活动在周末较多。周末的业绩至少是平时的1.5倍，任何门店都不希望储备干部在最需要人手的时候请假
学习	回校上课计入休假，影响收入	是否需要和企方沟通稍作调整	是否可做调整	从管理的角度，制度带有刚性。不过他们毕竟也是学生，对于新的学徒制教育有一个适应的过程

　　在学生管理方面，百果园学院的其他尝试包括设立学生管理团队、建立师傅团队管理办法等，相关参考资料列示如下，另见表 6 - 9 至表 6 - 12。

学生管理团队人员配备

（1）双导师。

校方导师职责：负责学生选课指导、专业及相关课程开设答疑、学生各项学分获取情况通报及指导、校内各项事务及时通告与辅导等所有与学业、专业相关的问题和职业指导，并协助辅导员做好学生的思想、学习态度等工作。

企方导师职责：随时了解学生在企业岗位工作期间的思想动态、情绪波动，帮助学生做好职业规划、课业实践辅导等。

（2）双辅导员。

校方辅导员职责：随时掌握学生的思想、心理、情绪状态，当学生求助时及时给予帮助；校内学生社团、校内活动的及时通告；学生就业跟踪调查等。

企方辅导员职责：随时跟踪了解学生在岗工作的思想、心理、情绪状态，了解学生的诉求，并提供帮助；尽可能为学生在企业的职业发展给予指导等。

（3）学生干部。

由全体学生选举产生，具体的任期、职责分工等需全体学生商讨形成。

班长1名：负责组织班级的各项活动，增强班级的凝聚力，形成班级文化等。

副班长1名：协助班长做好各项活动等。

学习委员1名：负责与各科任课老师对接，协助校企双方老师完成相应工作等。

组织与纪律委员1名：负责班级QQ群、微信群的建立与管理，保证信息的及时传达和更新，协助老师做好集中授课、培训等班级集体活动的考勤工作等。

表6-9　帮带师傅考核表（由徒弟填写）

说明：学徒制学生请如实填写此表					
门店		师傅姓名		徒弟姓名	
序号	帮带师傅在门店教导的内容			店长点评（文字，不少于30字）	打分
1	是否教导徒弟对水果的认知（满分5分）				
2	是否有付出精神，能吃苦耐劳（满分5分）				
3	师傅对徒弟的教导是否有耐心（满分5分）				
4	基本服务态度（满分10分）				
5	师傅教导徒弟如何收银导购（满分10分）				
6	师傅是否教会打包技术（满分5分）				
7	师傅是否教导吧台操作、果品开切技术（满分10分）				

续上表

序号	帮带师傅在门店教导的内容	店长点评（文字，不少于30字）	打分
8	师傅是否教导果品陈列（满分5分）		
9	师傅是否教导战壕小黑板的作战计划并执行（满分10分）		
10	师傅是否教导库存管理知识（满分5分）		
11	师傅是否教导门店的四轮驱动和头雁产品（满分5分）		
12	师傅是否教导徒弟门店的"九无二有"并执行到位（满分5分）		
13	师傅与和徒弟之间的相处沟通情况（满分5分）		
14	徒弟对师傅的评价（满分15分），不能少于50字		

表6-10　徒弟考核表（由师傅填写）

门店		师傅姓名		徒弟姓名	
序号	培训项目内容（在门店学习的内容）			帮带师傅点评（文字，不少于30字）	打分
1	对果品知识的了解（满分5分）				
2	是否有付出精神，能吃苦耐劳（满分5分）				
3	员工形象（满分5分）				
4	基本服务态度（满分10分）				
5	收银导购能力（满分10分）				
6	打包技术（满分5分）				
7	吧台操作、果品开切技术（满分10分）				
8	陈列果品能力（满分5分）				
9	鲜度管理和库存管理（满分10分）				
10	开档、交接班、打烊流程（满分5分）				
11	了解门店的四轮驱动和头雁产品（满分5分）				
12	了解门店的"九无二有"并执行到位（满分5分）				
13	与门店店长和员工之间的相处沟通情况（满分5分）				

表6-11　学徒成长档案表

学徒姓名		性别		联系电话	
导师姓名		师傅姓名		所在门店	
按照从成长目标→成长计划→成长实施→效果评估四个过程分别从知识、技能和素养层面进行记录	知识		技能		素养

表6-12　学徒成长评估表

学徒姓名		性别		联系电话	
导师姓名		师傅姓名		所在门店	
评估内容			分值	所得分	
一、成长目标					
是否能清晰地制定阶段性目标任务			5		
每月目标是否与门店目标保持一致			10		
每月目标是否具有可行性			5		
每月目标是否具有成长性			5		
二、成长计划					
成长计划是否与目标相匹配			5		
每月计划任务是否清晰可执行			5		
每月计划是否发现关键问题并及时应对			5		
每月计划时间安排是否合理			5		
三、成长实施					
成长实施是否能达成目标			10		
每月实施是否按计划任务进行			5		
每月实施能够完成门店工作任务			10		
每月实施是否对门店有积极影响			10		
每月实施是否具有创新性			5		

续上表

评估内容	分值	所得分
四、效果评估		
是否能客观进行自我检查与评估	5	
是否能认真描述困难、错误并修正	10	
合计	100	

总体评价（工作中的优点、不足及改善意见）：

6.11 招生

现代学徒制招生来源包括普通高中、中职学校、在岗员工、招生院校在校生等。百果园学院店长学徒班面向中职招生，从初入学就开始进入学徒培养过程，各方面表现完全符合标准化的现代学徒制模式。

现代学徒制招生工作主要包括可行性分析、签订校企联合培养协议、拟订人才培养方案、上报招生方案、招生宣传、报考咨询、考生报名、出题、政策宣讲、考试、签约、录取、学前教育、入校、签订劳动合同、岗前培训、到岗17个环节，如表 6-13 所示。

表 6-13 现代学徒制招生流程

序号	流程	内容	参与人
1	可行性分析	调研企业、学校、生源等情况，评估可行性	教学部门、企业
2	签订校企联合培养协议	校企双方签约，确定合作意向	教学部门、企业
3	拟定人才培养方案	人才培养方案的设计、论证与报批	教学部门、企业
4	上报招生方案	编制招生方案，送审	教学部门、招生部门
5	招生宣传	面向中职学校尽心宣传	教学部门
6	报考咨询	接受学生与家长咨询	教学部门、招生部门
7	考生报名	考生按照报考要求报名	教学部门、招生部门
8	出题	编写考试方案，送审	教学部门、考务部门、企业
9	政策宣讲	向考生解释现代学徒制联合培养模式	教学部门、招生部门
10	考试	考生按规定参加考试科目	考务部门、教学部门

续上表

序号	流程	内容	参与人
11	签约	学生与企业签署意向性协议	教学部门、企业
12	录取	发放录取通知书	教学部门
13	学前教育	暑期开展入学前教育	教学部门、企业
14	入校	入校报到	教学部门、学生管理部门
15	签订劳动合同	与企业签署正式用工协议	教学部门、企业
16	岗前培训	企业新员工培训	企业
17	到岗	分配岗位，开始在岗学习	企业

以现代学徒制方式招收店长储备人才对企业是一个挑战，因为其操作程序和规则同一般的新员工招聘有诸多不同，因此，虽然企业是联合培养的主体之一，但学校一方要委派专人帮助企业完成相关工作。在具体操作上，百果园学院的经验做法是：

（1）校企双方组建招考团队，双方领导都需要参加，明确具体工作负责人。

（2）确定工作时间表，由校方负责人负责督导进度。

（3）人才培养方案、出题、考试、岗前教育等关键环节严格遵循校企联合培养、以企业为主的原则，以帮助企业选拔合适的店长储备人才为工作导向。

（4）严格遵守招考制度。

招生简章（节选）

（一）现代学徒制坚持"四个双"。一是双主体育人，学校和企业均是育人主体；二是双导师教学，学校教师和企业师傅均承担教学任务；三是学生双重身份，学生既是学校的学生，又是企业的员工；四是签订两份合同，学生与企业签订劳动合同，学校与企业签订联合办学合同。

（二）学校采用招工和招生同步的招生模式。现代学徒制试点专业招生录取由学校与合作企业共同开展，人才培养采取学校与企业共同培养的模式，专业课程教学及质量监控由校企双师教学团队与管理团队共同承担。

（三）被录取考生必须与培养企业签订劳动合同。

1. 劳动合同的签订须按照《中华人民共和国劳动合同法》相关规定进行签订。年满18周岁的考生可在征询家长意见后个人签订；16周岁以上不满18周岁的考生应由本人和家长（或法定监护人）共同签订。

2. 签订劳动合同时间为省招办录取审核通过后、考生注册入学前。

3. 报考现代学徒制试点专业的学生经学院录取后，工作岗位按学校与企业共同安排的岗位进行培养，其工作待遇严格按照学生与企业签订劳动合同执行。

（四）现代学徒制试点招生对象、报名条件、招生程序及录取原则参照面向中职生自主招生的招生对象、报名条件、招生程序及录取原则。

（五）招生对象、招生模式、联合培养企业说明。

市场营销专业面向中职应届毕业生，采用招生、招工同步的方式，与深圳市百果园实业发展有限公司联合培养。

（六）学生身份、学习及住宿安排、教学计划和培养模式、工作岗位和相应的权利义务、签约等相关问题。

附市场营销专业现代学徒制招生规格，见表6－14。

表6－14　市场营销专业现代学徒制招生规格

招生专业	培养目标	入学后身份	学习及住宿的安排	培养模式	企业的工作岗位和相应的权利义务	非企业正式在职员工的签约问题
市场营销	为深圳市百果园实业发展有限公司培养能适应水果专卖领域第一线需要，具备果品及门店运营管理理论知识和运营销售实践技能的高素质、技能型"职业店长"	学生、企业员工双身份	学习方式采取现代学徒制，校企安排双导师培养，以在企业岗位上"做中学""学中做"为主要学习方式，辅以网络学习，企业各门店提供住宿	第一学期：在企业岗位上"学中做"和"做中学"，校企共同提供岗前培训和行业企业认知培训，学生以网络形式学习公共必修课程。企业门店提供住宿条件。第二、三学期：1. 在企业岗位上"学中做"和"做中学"，校企联合培养学生相应的岗位技能，通过师傅带徒弟、学校教师辅导以及学校课程资源平台和企业e-learning平台，学习储备店长应具备的各项技能和知识，并在校企老师的共同指导下，完成各项岗位工作任务。企业门店提供住宿条件。第四学期：企业岗位工作，集中顶岗实习和毕业调研。校企指导老师通过岗位指导，职业规划辅导，学生通过一学期的学习、训练和调研，并通过集中的答辩和汇报，校企双方共同给出考核成绩	学习期间的企业工作岗位：储备店长。学生要完成企业安排的各项岗位工作，企业按照储备店长的待遇提供相应的工资、住宿及其他待遇条件	与企业签订正式用工合同，签订劳动合同时间为省招办录取审核通过后、考生注册入学前

深圳市百果园实业发展有限公司　广州番禺职业技术学院
"现代学徒制"联合培养协议

甲方：深圳市百果园实业发展有限公司
乙方：广州番禺职业技术学院

为贯彻党的十八届三中全会和全国职业教育工作会议精神以及《国务院关于加快发展现代职业教育的决定》（国发〔2014〕19号），依据双方签署的"共建百果园学院框架协议"及《关于成立百果园学院的决定》（番职院〔2014〕19号），甲乙双方在平等自愿、协商一致的基础上确定依托百果园学院联合开展"门店店长"的现代学徒制人才培养试点，并就此项目的相关事宜达成如下协议。

1. 指导原则

以服务甲方企业发展、促进乙方学生就业为导向，坚持校企双主体联合培养，坚持学校教师和企业师傅双导师教学，创新甲方招工和乙方招生制度，创新甲方员工管理和乙方教学管理形式，创新甲方员工培训和乙方人才培养模式，构建校企分工合作、协同育人、共同发展的长效机制，切实提高门店店长人才培养的质量和水平。

2. 试点内容

（1）现代学徒制试点概括起来是坚持"四个双"。一是双主体育人，学校和企业均是育人主体；二是双导师教学，学校教师和企业师傅均承担教学任务；三是学生双重身份，学生既是学校的学生，又是企业的员工；四是签订两份合同，学生与企业签订劳动合同，学校与企业签订联合办学合同。

（2）现代学徒制试点招生的学员就读期间既是甲方员工也是乙方学生，甲方承诺学生按现代学徒制由校企双方共同完成自主招生和正式录取后，所有学员按企业正式员工签订劳动合同并给予相应待遇（含薪酬、津贴、保险等），乙方承诺所有学员学业完成经校企双方考核合格后，可获取乙方出具的由国家教育部统一印制的普通高等学校专科毕业证书。

3. 工作机制

甲乙双方利用百果园学院工作平台，共同完成人才培养方案的制定、学员的招生、教学运作管理、考试评价方式、师资力量配备以及其他保障措施等各项工作，教育教学投入双方协议分担。

4. 招生与招工

（1）甲乙双方共同完成"招生即招工"的人才选拔与录用过程。

（2）甲乙双方共同拟订招生方案，乙方负责招生方案的报批。

（3）甲乙双方共同制定招生简章，共同负责招生（招工）宣传工作。

（4）甲乙双方共同完成生源资格审查以及考核录取工作。

（5）录取工作完成后，乙方负责学员录取通知书的发放以及学籍注册，甲方负责与学员签订劳动合同。

5. 日常管理

甲方负责学员在岗学习期间的日常管理，并在乙方协助下做好在岗专业课程的教学组织与运行、教学质量保障与监控；乙方负责学员的专业学习及在校学习期间的日常管理，并在甲方协助下做好校内课程的教学组织与运行、教学质量保障与监控。

6. 毕业（就业）

百果园学院实施现代学徒制试点的学员完成人才培养方案所规定的全部课程，经校企双方考核合格获取相应学分，满足毕业学分要求后，准许毕业。乙方负责颁发由国家教育部统一印制的普通高等学校专科毕业证书，甲方与毕业学员续签新的劳动合同。

7. 费用结算

（1）百果园学院学员所有学费（按国家规定标准收取）收入属于甲乙双方共同拥有，学员所有学费由乙方负责代收，并按照人才培养方案中企业课程学时与校内课程学时所占计划总学时的比例进行分配（具体比例以人才培养方案为计算依据），乙方在每学年开学后一个月内，将甲方应得收入通过银行转账方式支付给甲方。

（2）学员所有生活费用由学员自行承担。学员在企业工作时个人住宿、用餐等事宜按照甲方对员工管理的相关规定执行。乙方要为学员在校学习提供住宿条件，费用由学员自行承担，乙方按照国家规定标准收取。

（3）甲方负责企业带徒师傅（或兼职教师）的指导费（或课酬）以及企业参与人员的津贴、交通费等，乙方负责学校专任教师的课酬（含赴企业授课津贴等）以及学校参与人员的津贴、交通费等。

8. 其他事项

（1）本协议正本一式四份，甲、乙双方各执两份，具有同等法律效力，复印件仅作为财务报销凭证。因执行本协议而形成的双方签字认可的各类教学文件，可视为本协议的自然延伸，双方均应遵守执行。

（2）如遇不可抗力（不可抗力指双方在订立合同时不能预见、对其发生和后果不能避免且不能克服的事件）导致本协议部分或全部无法继续履行，双方互不负任何责任，并可协商是否终止本协议。终止协议须提前三个月书面通知对方。

（3）如有一方违约或有损害对方利益和形象的行为，另一方有权终止协议。

（4）本协议自双方授权代表签字盖章之日起生效。双方应遵守有关条款，未尽事宜，可由双方协商解决或签订补充协议。

6.12 岗前学习

百果园学院为即将上岗的学生安排了两次集中培训，一次是在拿到录取通知书以后，由学校开设的培训项目，另外一次是在正式分岗前，由公司组织的培训项目。针对学校开设的岗前培训，课程开发和教材编写工作由阚雅玲教授主持，她给教材撰写的前言，清晰地概括了培训的初衷、内容和期望。

《岗前辅导——店长从这里起步》一书前言（节选）

如何成为一名职业店长呢？事实证明并不是从职业店长的技能训练开始的。是要从一名店员做起吗？没错，那做一名合格乃至优秀的店员又要从哪里开始呢？我是一名教师，"师者，传道授业解惑也"，对于一个初入职场的学生，我想我应该首先"传道"。无论你是做店员、做文员、做科员、做技术员……首先要学会做人，然后再去做事；首先要懂得一些人生的道理和职场的法则，然后再去培养职业的技能和素养。

这本教材是入职前的一本读物，它先由国家教学名师阚雅玲"传道"，再由零售职场达人柳二白"授业"，然后由百果园的前辈进行经验"分享"，最后由专业老师送上百问百答帮你"解惑"。也许你是一个"招工即招生"的学徒，也许你是"店长订单班"的学员，也许你就是一个准备去顶岗实习的学生，如果你有志于做一名"职业店长"，那这本教材就是为你打造的"岗前加油站"，希望在你入职前为你积聚更多的能量，让你的店长生涯从这里开好头、起好步。

本书由阚雅玲、柳二白、徐艳林、王书晔共同著成，阚雅玲拟定大纲，总纂定稿，全书共分四个部分。

第一部分是"名师与你面对面"，作者是广州番禺职业技术学院国家教学名师阚雅玲教授，她以自己10年的特大型企业工作经验和15年职业教育的人生阅历向即将走上工作岗位的学生传经布道，书中有她对人生的体验与思考以及对职场的通达与洞察；有她关于先天与后天、方向与努力、动力与能力、责任与兴趣以及成功与幸福等的辩证推理，也有她做为一个母亲陪伴女儿走过求学路上几个重要阶段的悉心指导。她想以此为即将走向社会、走上工作岗位的学子们送行，希望或多或少能为自己的学生铺平通往职业店长的道路。

第二部分是"学姐带你入职场"，作者是来自零售业的柳二白女士，她是实践家，也是一名专栏作家，我们非常荣幸地邀请到这位零售职场达人与我们一起著书。她以自己十多年的零售行业经历，以"宋玉的零售职场成长记"这一故事连载的形式向你讲述了那些毕业于名牌本科大学的学长学姐们从零售一线做起的那些鲜为人知的故事，为你步入零售行业注入了满满的正能量。

第三部分是"百果园前辈来分享"，作者是深圳市百果园实业发展有限公司总经理带领她的员工们在公司成立 10 周年的时候共同分享的喜悦、收获、经验和感悟。对于初入职场，特别是已被百果园公司录用的你，上岗之前能看看前辈走过的路、听听前辈的经验之谈，相信你一定会受益匪浅。走入门店开启职业生涯后，即使是个菜鸟也不再会茫然。

第四部分是"百问百答帮你忙"，作者是广州番禺职业技术学院百果园学院的专业教师王书晖，她以自己做现代学徒制店长班的导师经历，将学徒上岗后可能遇到的问题一一在这里解析，面对商场如战场，让你们不打无准备之仗，赢在起跑线、赢在转折点。

6.13　学生权益保障

依据《中华人民共和国教育法》以及关于开展现代学徒制工作的相关政策与规章，尊重教育教学道德规范，百果园学院从以下四方面保障学生权益。

1. 校企双主体办学成立百果园学院，从组织体制上保障学生的合法权益

2014 年 12 月，校企双方联合成立了广州番禺职业技术学院百果园学院，确定了理事会领导下的管理体制，明确提出了：百果园学院由广州番禺职业技术学院与深圳市百果园实业发展有限公司共同成立，定位于双主体办学、双元培养的特色学院，并积极开展"招生即招工、入校即入厂、校企联合培养"的现代学徒制试点工作，全面提升技术技能人才的培养能力和水平。这些均为接下来的现代学徒制人才培养提供了有力的体制上的保障。

2. 校企签订《现代学徒制联合培养协议》，从机制上保障学生的合法权益

2015 年 4 月，现代学徒制自主招生工作完成之后，在给学生发放录取通知书之前，校企双方签署了《现代学徒制联合培养协议》，明确了校企联合培养的指导原则、试点的内容，确定了双方的工作机制、招生与招工、日常管理、费用结算的各项内容，界定了双方的权利义务，为接下来的现代学徒制人才培养及学徒合法权益提供了有力的保障。在招生、考试及协议签订过程中，以书面及当面沟通形式告知学生现代学徒制的学习特点、工作要求、相关待遇等。

3. 学生与企业签订《劳动用工合同》，从法律上保障学生的合法权益

2015 年 4 月，在发放录取通知书之前，百果园公司和拟录取学生现场签了正式的《劳动用工合同》，明确了学徒的工作时间、报酬、福利待遇等。按照双方协议，2015 级现代学徒制市场营销专业的所有学生安排在大广州区域门店，按照广州区域储备干部的待遇执行，学生月休 4 天，基本工资 2 900 元 + 绩效，储备干部期间，基本上每月工资在 3 000 ~ 4 000 元之间，公司提供住宿和基本的米油补助，学生享受储备干部的一切福利待遇，如果晋升到店长会有更高的工资水平。公司每月有员工生日会，提供物资、场地等支持一起给过生日的同事开 Party，有时组织去外边景点举行，增进员工之间情感和对公司的向心力。

4. 完善教学培养体系，从服务上保障学生的合法权益

在课程体系中增加综合素质训练内容，提高学生的职业适应能力与在就业市场的职业迁移能力；借助网络学习平台，并适当调整教学计划，帮助学生协调学习与工作的关系；对不能适应现代学徒制学习要求的学生，校企双方联合为学生设计备选方案，为符合条件的学生提供多元化选择；选派教师与企业师傅跟踪学生发展状况，适时提供指导与帮助。

6.14 执行机制

杰克·韦尔奇说："执行力就是消除妨碍执行的官僚制文化。"校企合作最大的挑战恰恰是来自学校的官僚制文化与商业的企业家文化之间的冲突。如何借鉴企业家文化让职业教育教学更具生命力是我们一直在努力探索的目标。在百果园学院的执行层面，我们通过以下操作将规划设计落到实处。

1. 成立现代学徒制工作小组

领导机构成员：

阚雅玲：广州番禺职业技术学院管理学院院长、百果园学院理事长

徐艳林：深圳市百果园实业发展有限公司总经理、百果园学院副理事长

谭福河：广州番禺职业技术学院管理学院副院长、百果园学院执行院长

熊自先：深圳市百果园实业发展有限公司校企合作总监、百果园学院院长

项目组成员：

学校人员：

来自市场营销教研室的门洪亮、张晓青、王书暐、杨问芝、李霞、李引霞、丁玉红、蒋勇、万莉、王彦保等教师

企业成员：

方爱平：深圳市百果园实业发展有限公司运营总监

刘飞：深圳市百果园实业发展有限公司广州区域综合部经理

林兴溪：深圳市百果园实业发展有限公司校企合作总监助理

2. 召开现代学徒制人才培养教学管理协调会

2015年5月份，为保障我校现代学徒制人才培养工作的顺利开展，教务处组织召开了现代学徒制教学管理协调会，企方负责人、主管教学的校领导、教务处处长、后勤处、人事处、学生处、现代学徒制试点专业所在院系的领导、专业负责人、教研室主任、基础课负责人、课任教师代表、教学秘书等参加了会议，会议确定了校企联合进行现代学徒制在岗培养的总体指导意见和建议，要求各试点专业根据企业实际情况，制订具体的教学运作及组织方案。并就公共课程的开设、考核等做出了统一的部署和要求。

3. 校企联合制订现代学徒制教学运行组织与学生管理方案

为保障现代学徒制市场营销专业校企联合在岗培养的顺利实施，切实提升学生的

职业岗位技能和岗位胜任能力，经与联合培养单位深圳市百果园实业发展有限公司商讨，共同制定教学组织运行及学生管理方案。教学组织运行的总体思路是：遵循"双主体育人"的现代学徒制精髓，市场营销专业人才培养采取学校和企业共同参与和承担的方式，学生全程在岗培养。在教学和学生管理上也遵循"双导师"制。

（1）双导师。

校方导师职责：负责学生选课指导、专业及相关课程开设答疑、学生各项学分获取情况通报及指导、校内各项事务及时通告与辅导等所有与学业、专业相关的问题和职业指导，并协助辅导员做好学生的思想、学习态度等工作。

企方导师职责：随时了解学生在企业岗位工作期间的思想动态、情绪波动，帮助学生做好职业规划、课业实践辅导等。

（2）双辅导员。

校方辅导员职责：随时掌握学生的思想、心理、情绪状态，当学生求助时及时给予帮助；校内学生社团、校内活动的及时通告；学生就业跟踪调查等。

企方辅导员职责：随时跟踪了解学生在岗工作的思想、心理、情绪状态，了解学生的诉求，并提供帮助；尽可能为学生在企业的职业发展给予指导等。

（3）学生自主管理机构。

由全体学生选举产生，具体的任期、职责分工由全体学生商讨形成。

班长1名：负责组织班级的各项活动，增强班级的凝聚力，形成班级文化等。

副班长1名：协助班长做好各项活动等。

学习委员1名：负责与各科任课教师对接，协助校企双方教师完成相应工作。

组织与纪律委员1名：负责班级QQ群、微信群的建立与管理，保证信息的及时传达和更新，协助教师做好集中授课、培训等班级集体活动的考勤工作等。

4．定期召开现代学徒制学生座谈会

每2至3个月在广州公司培训部召开学生座谈会，具体了解学生集中授课学习情况、在岗培养及实践情况、导师师傅指导情况以及个人的心态、心理情况，了解学徒的诉求以及在在岗培养过程中需要的支持和帮助，从而校企双方共同提供相应的解决方案，力保现代学徒制人才培养的顺利进行。

5．企业现代学徒制项目负责人参加校方的教学工作会议和专业年审工作

2015年底，我校启动了专业年审和专业诊断工作，市场营销作为我校首批接受年审的专业之一，围绕专业年审和专业诊断的各项指标开展了自查工作，在这个过程中，企方就现代学徒制市场营销专业学徒的在岗培养情况给予了大量的建议，并就如何做好人才培养质量保障校企双方进行多次的深入研讨。

2016年3月，百果园公司校企合作总监（原人力资源总监）熊自先参加我校举行的2015年度教学工作会议，并就现代学徒制市场营销专业的人才培养工作进行了专题汇报。这也是我校首次邀请校企合作企业代表参加的年度教学工作会议，凸显校企双方对现代学徒制人才培养教学运行与管理的高度重视。

6.15　激励与保障措施

为保障专任教师到百果园公司的专职实践锻炼，学校人事处、教务处、管理学院出台了相应的政策制度，给予教师下企业极大的支持，也有力地保障了教师下企业的顺利进展。目前市场营销专业先后有 5 位教师下到企业，对现代学徒制人才培养的顺利开展提供了有力地支持。

在校企双方签署的《现代学徒制联合培养协议》中就"费用结算"进行了明确的规定①：

（1）百果园学院学员所有学费（按国家规定标准收取）收入属于甲乙双方共同拥有，学员所有学费由乙方负责代收，并按照人才培养方案中企业课程学时与校内课程学时所占计划总学时的比例进行分配（具体比例以人才培养方案为计算依据），乙方在每学年开学后一个月内，将甲方应得收入通过银行转账方式支付给甲方。

（2）学员所有生活费用由学员自行承担。学员在企业工作时个人住宿、用餐等事宜按照甲方对员工管理的相关规定执行。乙方要为学员在校学习提供住宿条件，费用由学员自行承担，乙方按照国家规定标准收取。

（3）甲方负责企业带徒师傅（或兼职教师）的指导费（或课酬）以及企业参与人员的津贴、交通费等，乙方负责学校专任教师的课酬（含赴企业授课津贴等）以及学校参与人员的津贴、交通费等。

这项规定对于企业开展现代学徒制人才培养工作有非常大的促进作用，尤其是在现有国家相关配套制度不完备的情况下，更有利于调动企业参与人才培养的积极性和主动性，也保障了企业的相关利益。

百果园公司就校方按照《现代学徒制联合培养协议》划拨的经费制定了《现代学徒制经费管理办法》，保障专款专用，该项经费只用于现代学徒制人才培养相关的项目开支，包括师傅奖励、学徒奖励、企业教师的相关费用等。

为激励一对一师傅工作的积极性，校企双方共同制定了《现代学徒制百果园学院带徒师傅标准》，据此进行师傅的选聘和评价，并制定了《现代学徒制优秀师傅评选方案》，每 3 个月根据师傅的指导情况进行一次评比，并发放相应的奖金（见表 6 - 15）。该项奖金从校方划拨给企方的经费中支出。

表 6 - 15　优秀师傅奖

奖项	名额/人	奖金/元	小计/元
一等奖	2	1 000	2 000
二等奖	4	500	2 000
三等奖	25	200	5 000
合计	31		9 000

说明：优秀师傅奖每 3 个月评选一次，一年评选 4 次，总计奖金 36 000 元。

---

①　甲方是深圳百果园公司，乙方是广州番禺职业技术学院。

为鼓励学徒积极好学和取得进步，校企双方共同设置了"优秀学徒奖""学徒进步奖"，每6个月根据学徒在岗学习情况进行一次评选，并发放一定的奖金（见表6-16）。该项奖金由校方划拨给企方的经费中支出。

表6-16 优秀学徒奖

奖项	名额/人	奖金/元	小计/元
一等奖	2	500	1 000
二等奖	5	300	1 500
三等奖	15	100	1 500
合计	22		4 000

说明：优秀学徒奖每6个月评选一次，一年评选2次，总计奖金8 000元。

6.16 附件：专业建设诊断与改进报告

基于现代学徒制的市场营销专业建设诊断与改进报告

一、诊断与改进的背景

（1）2014年管理学院初步完成了专业的调整，由原来的10个专业（方向）重组为6个专业（方向）。其中连锁经营管理专业停招与市场营销专业合并，合并后的情况如何？专业实力是否增强？同年管理学院全面实施了项目化课程体系的改造，市场营销专业的课程体系改造最彻底，效果如何？人才培养的质量是否提升？

（2）2015年市场营销专业升级人才培养目标和人才培养模式，实施以培养职业店长为目标的现代学徒制试点，是否能达成目标，全新的人才培养模式是否真的体现职业教育的规律？同年管理学院全面启动翻转课堂的教学模式，这种教学模式如何与现代学徒制的教学组织进行有效结合？

（3）2016年管理学院启动以市场营销专业为龙头的职业店长学院建设，市场营销专业能否作为先锋和领头羊担此重任，为管理学院职业店长学院的建设提供先行的经验与示范？2016年要完成省教育厅批准的广东省现代学徒制市场营销专业教学标准的研制，该专业能否顺利结项并推出广泛认可的专业标准？

（4）"十三五"期间拟与中国连锁协会、广东省连锁协会及相关企业一道研制"店长"职业资格标准，市场营销专业的人才培养质量、科研与社会服务能力是否可以支撑？为配合深圳百果园公司到2020年完成开店5 000家的战略规划，2015年成立了百果园职教联盟，"十三五"期间可否保持盟主的地位，并尝试成立店长职教集团。

二、诊断与改进的依据

（1）教职成〔2015〕6号《教育部关于深化职业教育教学改革全面提高人才培养质量的若干意见》。

（2）教职成厅〔2015〕2号《教育部办公厅关于建立职业院校教学工作诊断与改进制度的通知》。

（3）教职成司函〔2015〕168号关于印发《高等职业院校内部质量保证体系诊断与改进指导方案（试行）》启动相关工作的通知。

（4）番职院教督〔2015〕5号《广州番禺职业技术学院人才培养工作质量标准与质量保障体系框架（试行）》。

（5）番职院教督〔2015〕6号《广州番禺职业技术学院人才培养质量保障体系之专业教学工作年审制度（试行）》。

（6）番职院教督〔2016〕1号《关于开展2015—2016学年度专业年审自评工作的通知》。

三、诊断的内容与年限

1. 诊断内容

学校专业人才培养质量自评表有"人才培养环境与条件""人才培养方案设计""人才培养方案实施""人才培养方案的效果""人才质量保障体系"5大总体指标，"战略视野""内部分析"等18个特定指标以及119个具体标准，市场营销专业的本次诊断与改进主要针对专业人才培养质量自评表中需重点关注的评估内容即"标准代码"中带"*"号的21个具体标准。

2. 诊断年限

虽然学校要求对专业进行2015—2016学年度年审，市场营销专业也是在2015年开始实施现代学徒制招生尚没有毕业生，但该专业近3年实施的订单班与现代学徒制大同小异，故本次诊断主要面向近3年的人才培养质量的过程与结果。

四、其他说明事项

1. 市场营销专业现代学徒制简介

营销专业以"现代学徒制"开展"双主体"办学与人才培养，全面实施校企全程双元育人模式，招生与招工同步进行。学生入学即为百果园公司的正式员工，与企业签订正式的用工合同，享受企业员工的相应待遇。学生在学习期间，学习的目标是成为"店长"，学习的内容就是工作的内容，学习的方式是"做中学""学中做"，学校和企业委派老师进行全方位的指导，学生接受职业店长的全方位技能训练。学生毕业即学徒结束，百果园公司可根据学徒情况择优续聘，学生也可自由择业。

2. 合作企业基本情况

深圳市百果园实业发展有限公司，是国内规模最大的果品连锁专卖企业，全国有超过1 300余家直营专卖店，员工规模10 000余人，公司业务覆盖了果品流通的全产业链，计划到 2020 年门店数量达 5 000 家，2030 年门店数量达到 15 000 家，力争成为全球规模最大的果品连锁销售企业，成为世界果业第一品牌。我校与百果园的合作始于 2012 年，基于良好的合作基础和共同的愿景，双方于 2014 年正式成立百果园学院，2015 年成立百果园职教联盟联合培养果品流通急需的高素质、高技能的管理人才。

五、市场营销专业人才培养质量自评表

下面仅对专业人才培养质量自评表中需重点关注的评估内容即"标准代码"中带"＊"号的 21 个具体标准进行自评，佐证及索引不在此展示。根据学校要求，自我判定"高于标准的"，可在标准分值的 1.1～1.5 倍内评分；"符合标准的"，评分为标准分值；"低于标准的"，可在标准分值的 0.5～0.9 倍内评分。

表 6 - 17　市场营销专业人才培养质量自评表

总体指标	特定指标	评估标准	标准分值	标准代码	评估内容	自评要点	自评得分
A 社会背景（人才培养环境与条件）(100)	A I 社会背景	战略视野 专业应该能够清楚地理解自己所处的国内国际环境条件，以及这些环境条件对市场定位及人才培养目标的影响所在。专业能有条理地解释上述情况	10	*A I—03	国内和国际环境条件如何影响所制订的人才培养方案	1. 国际和国内环境对职业教育关于"产教融合、校企合作"这一基本规律的不断强化，使得我校市场营销这一本无行业背景支撑的专业必须找到适合区域经济发展及自己专业特色的产业背景。经深入调研，市场营销专业确定"零售业"为本专业的行业背景。 2. 移动互联网的迅猛发展，传统零售业态升级改造已经成为必然趋势，国务院提出大力发展线上线下互动、推动实体店转型，促进商业模式创新。该专业就是要面向"对传统零售业进行经营、管理、服务或技术改造和升级"，适应现代人才需求和现代城市发展的零售新业态。 3. 我国要构建中高本衔接的职业教育体系，必须要找准专业的定位，市场营销专业人才培养不能再定位于低端的销售和客服，要按照中职做店长、本科做经理的需求来升级人才培养目标。 4. 考虑高职学生的能力与素质特点，要将其培养成"职业店长"，人才培养以应有大量企业的需求来支撑，合作的企业定位于门店单店面积在200平方米以内、营业额在1000万/年以内的连锁零售门店。 5. 目前开店已达1300余家的深圳市百果园实业发展有限公司，不仅在企业规模、发展速度方面非常符合本专业合作的要求，更重要的是它能提供具有教育价值的岗位，为实施现代学徒制的人才培养模式奠定了良好的基础。 6. 为配合百果园公司海外开店的规划，本专业拟制订"海外店长精英班"人才培养方案，为人才培养的国际化战略提供支撑。	13
		内部分析	10	*A I—07	本专业的愿景和战略目标是什么	1. 作为先锋和龙头，带领专业群将管理学院打造成全国高职第一个"职业店长"培养学院。 2. 研制并推广零售业店长职业资格标准和现代学徒制市场营销专业教学标准。 3. 牵头在全国成立店长职教集团，搭建广东乃至全国零售业店长人才培养平台	13

续上表

总体指标	特定指标	评估标准	标准分值	标准代码	评估内容	自评要点	自评得分
A 社会背景(培养环境与条件)(100)	A II 师资队伍	教职员工的数量和质量应能满足人才培养方案实施的各项要求。专业(群)应能证明,教职员工的专业知识、科研能力能充分满足人才培养方案实施的要求,教师能积极促进教学方法的改进和发展。他们应该与国际上的相应团体和相应部门人员有适当的联系。专业(群)应具有适当的过程管理	10	*A II—01	教师的任职资格、数量以及学科领域是否与人才培养方案的要求吻合	1. 专业整合前,市场营销专业校内只有5名专任教师。连锁经营管理与市场营销专业整合后,拥有10名校内专任教师,2名企业导师,3名企业导师。教师数量满足人才培养方案的需要。41个"一对一"带徒师傅。(教学工作量在180学时/学期), 2. 该专业拥有教授1人,副教授1人,其余均为讲师。教学团队中没有博士。专业带头人张晓青48岁为兼职带头人,高学历、高职称、高水平的专业带头人。年龄结构不合理,缺乏"70"后年富力强的专业带头人。 3. 教学团队中的专任教师均为"双师型"教师,其中3人(张晓青、门洪亮、蒋勇)获得高级营销师职业资格证书,1人(万莉)获得高级客户服务管理师职业资格证书。专任教师大多都有企业经验,但没有零售业的从业经验。近年来已安排5位教师每人下企业实践半年,在一定程度上缓解教师行业与企业背景存在的问题,但尚不能完全满足人才培养方案的需要。 4. 企业教师和带徒师傅实际工作经验丰富,但存在学历不高、个人素质有待提升等方面的问题。 5. 校企双方教师有意识地进行优势互补,但尚未形成常态针对性地扶持重点发展专	7
		该专业应该与国际上的相应团体和相应部门人员有适当的联系。专业(群)应具有适当的过程管理	10	*A II—06	师资管理过程的科学性如何?包括如人才招聘过程、工作量配置、业绩考核及专业发展等	1. 校内专任教师的聘任相对科学合理,但尚未形成专业人才招聘与培育机制。 2. 依旧实施教学工作量,尚未将专业建设、科学研究与社会服务统筹考虑,形成教师工作量。 3. 因未实施二级管理,年终人均5 000元的绩效奖金额度较低,尚未形成科学、合理的业绩考核机制。 4. 企业对于导师及带徒师傅的选聘、管理相对科学规范,制定了导师岗位职责,任职条件、考核办法、奖励标准。 5. 管理学院成立了教师专业发展中心、现代服务科学研究中心,为教师的人才培养、科学研究和社会服务能力的全面提升搭建平台、提供机会	8

续上表

总体指标	特定指标	评估标准	标准分值	标准代码	评估内容	自评要点	自评得分
B 人才培养方案设计(200)	BI 培养目标与生源市场	专业（群）培养目标应该与本校的所有利益相关者的需要相对应。目标应适合于市场发展战略，人才培养方案对招生要求和培养要求和毕业生就业去向等信息应非常明确。人才培养方案应该具有高质量的专业水平。培养方案的推销和提升应该是专业上高质量的	10	*BI—03	这些培养目标如何满足人才培养的所有相关者的需要，以及如何与国际国内的背景和变化相适应	1. 市场营销专业人才培养目标是零售业的"职业店长"，现代学徒制班的人才培养目标是百果园公司的门店店长。适应广州全国零售连锁行业的职业店长人才培养平台。 2. 学校的战略是将我校建设成为办学特色鲜明、示范作用突出，具有国际影响力的高职院校。市场营销专业的人才培养目标与学校发展目标均高度适应。国家中心城市所需要的中国一流、广东领先、具有国际影响力的高素质技能人才。 3. 学生以较高的成绩入学我校，无论是学生自身还是家长均希望专业培养的目标高于中职且具体现我校办学的领先水平，故"店长"的人才定位能够满足大多数学生和家长的诉求。 4. 对于市场营销专业，百果园公司与我校实施双主体办学，公司计划到2020年门店数量达5 000家，2030年门店数量达15 000家，急需大量高素质店长人才。 5. 实施现代学徒制解决了企业招工难问题，解决了学生就业难问题，实现了招生即招工、毕业即就业，且人才培养的目标与质量均实现了"零对接"，满足了政府和社会对高职院校办学质量的期望	13
			10	*BI—04	录取新生状况如何？如录取新生的水平、地区分布、录取率、报到率、国际生比例	1. 市场营销专业2013—2015年招生第一志愿投档录取率均为100%，2013年的分数线为文科532.32分、理科503.24分；2014年文科518.51分、理科486.1分；2015年文科496.57分、理科496.74分。近3年的报到率均在90%以上。 2. 2015年第一次实施现代学徒制招生，招生计划50人，最终学生先与企业签订劳动合同后录取了44人，报到43人。生源主要来自珠江三角洲发达地区，学生的综合素质良好，但来自偏远和欠发达地区的学生更具有吃苦耐劳精神，可能更能满足人才培养的需要	9

续上表

总体指标	特定指标	评估标准	标准分值	标准代码	评估内容	自评要点	自评得分
B 人才培养方案设计（200）	B I 培养目标与生源市场	专业（群）培养目标应该与本校的所有战略思路和利益相关者的需要相对应。目标市场应适合于发展战略，人才培养方案对招生要求、培养要求和毕业生就业去向等信息应非常明确。人才培养方案应具有高质量的专业水平。培养方案的推销和提升应该是专业上高质量的	10	*B I—07	毕业生的就业部门最有可能是哪些？这些部门最期望毕业生具有的素质和能力是什么	1. 对于市场营销专业现代学徒制班，其就业的企业就是深圳百果园公司，岗位就是店长、储备店长或总部职能部门管理人员。 2. 对于市场营销专业非现代学徒制班，其就业的主要企业是零售连锁门店，岗位是店长、储备店长、市场督导、门店运营人员或总部职能部门管理人员。 3. 用人单位最期望毕业生具有的素质和能力有：诚实守信、自信、主动、亲和、耐心，具有较强的沟通能力、客户服务意识、精神，执行力强、团队建立与维护能力、成就导向、团队管理与领导能力、计划与组织能力、危机处理能力、数据分析能力等	9

续上表

总体指标	特定指标	评估标准	标准分值	标准代码	评估内容	自评要点	自评得分
B 人才培养方案设计（200）	B II 课程设计	预期的学习结果（ILOs）应明确清晰地进行表述，并能显示如何达到人才培养目标。人才培养方案实施的管理团队应该展示并说明课程设计是如何实现"预期的学习结果"的，以及如何将国际视野、社会发展趋势、用人部门需求等影响因素在课程设计中的	10	*B II 01	在人才培养方案中包括了哪些"预期的学习结果"？预期的学习如知识、技能（包括个体技能）、态度，对所学专业领域的职场情况的理解、国际视野，对社会发展趋势以及各种变化的认识（如全球意识和责任）	1. 人才培养方案中包括的"预期的学习结果"：适应水果专卖领域第一线需要，具有从事门店运营管理活动的职业道德、职业技能与分析、消费行为分析、门店销售管理的基本理论和专业知识，能进行商圈调研与分析、消费行为分析、门店销售管理、门店运营管理等工作，具备"一技之长＋综合素质"的德、智、体、美等方面全面发展的有一定创新能力的高素质高店务管理人才。 2. 态度要求：具有社会责任感，具有良好的职业道德态度和职业道德修养，具有正确的择业观和创业观。坚持职业操守，爱岗敬业，诚实守信，严谨求实，勇于创新，具有坚韧不拔的毅力，积极乐观的态度，良好的人际关系、健全的人格品质。 3. 知识要求：具有水果商品流通及门店运营管理、商圈管理、消费行为分析、营销策划与管理、门店开发与设计等方面的基本理论和专业知识。 4. 技能要求：具有职业规划、门店开发与设计能力，商品营销策划、门店开发与设计能力与实施能力，门店运营管理能力、店员管理与领导能力，创业与创新能力等。 5. 人才方案中对态度、知识、技能的要求体现还不够充分或表述还不够精准，技能的要求体现对学校范本的痕迹明显，对企业用人要求的体现还不够充分或表述还不够精准	8

续上表

总体指标	特定指标	评估标准	标准分值	标准代码	评估内容	自评要点				自评得分
B 人才培养方案设计(200)	BⅢ 人才培养方案实施方法和评价方法的设计	人才培养方案的实施方法与设计既要匹配，也要有利于实现预期的学习结果。评价体系应该评价方法以有利于检验学生是否完全、有质量地达到培养目标和预期的学习结果来加以设计	10	*BⅢ—08	所设计的评价方法是否与培养方案中的目标和预期学习结果相适宜	围绕行业、企业用人标准，针对不同类型的课程设计不同的评价标准。对学生的评价分为在校学习评价和在企业在岗评价两个部分。本专业现代学徒制实施"双导师制"，学生在企业在岗学习期间，企业委派骨干在岗培养，并按照企业岗位考核的标准与方式考核学生的学业成绩；学校委派骨干教师作为学生的校方导师，学校导师为主、企业师傅为辅，现代学徒制更注重企业师傅对学生的传、帮、带，以及师傅对徒弟（学生）最终评价，企业对学生的考核是判定人才培养是否成功的标准。具体评价方法设计如下： 1. 学生在校学习的评价方法设计				9

课程	评价项目	评价主体	评价方式
纯理论课程	学生考勤、课堂表现、课程作业、理论知识考试	校内老师评价为主，学生互评为辅	过程评价和结果评价相结合
理实一体化课程	学生考勤、课堂表现、课程作业、企业岗位工作表现，项目任务完成情况	校内老师、企业老师评价为主，学生互评为辅	过程评价和结果评价相结合
纯实践课程	学生岗位工作状态、学生团队合作情况、学生岗位工作完成情况。具体包括：实习周记实习成果、实习总结	企业老师评价为主，校内老师、学生自评评价为辅	过程评价和结果评价相结合

续上表

总体指标	特定指标	评估标准	标准分值	标准代码	评估内容	自评要点	自评得分
B 人才培养方案设计实施和评价（200）	B Ⅲ 人才培养方案实施和评价方法的设计	人才培养方案的实施方法的设计既要与专业职场工作需要相匹配，也要有利于实现目标和预期的学习结果。评价体系应该有利于检验养目标和预期的学习结果来加以设计	10	*B Ⅲ—08	所设计的评价方法是否与该人才培养方案中的目标和预期学习结果相适宜	2. 学生在岗实践的评价方法设计（见下表） 3. 校企双方对于课程和人员评价方法的设计较为科学合理，但双方对考核细节的把握以及双方评价结果的相互融合有待进一步改进	9
		全、有质量地达到培养目标和预期的学习结果来加以设计，学生是否完	10	*B Ⅲ—11	对不成功的评价或审核，准备了哪些补救办法？这些办法与实现培养目标是否匹配	1. 校方对于纯理论课程不达标，要通过实践两方面的不达标，实践课的不达标，采取补考的形式进行补考；对于理实一体化课程不纯，学生在实践方面的实践能力与纯。学生在理实一体化的导师共同帮扶来提高学生的实践能力与水平。 2. 企业对不成功的评价准备的补救办法。学生在岗实践过程中出现不达标，首先是由带教教师傅进一步进行指导和帮助，学生所在班的企业导师汇同校内班级导师同时予以帮助。如果学生还不到要求，可申请调换门店，通过改变环境和师傅及合作伙伴予以进一步的补救。 3. 校企双方采用的补救方法与实现"店长"这一人才培养目标在很大程度上保持匹配，但不排除个别学生采用此方法并不完全奏效	9

2. 学生在岗实践的评价方法设计

考核内容	考核方式	合格标准	考核责任人／考核部门
认同公司文化和融入部门工作氛围	360度调查评价	80分以上	岗位导师、学校导师／人力资源部
公司业务、架构、产品知识等	转正考试	80以上	岗位导师、学校导师／培训学院
对本岗位工作的认识与掌握	导师辅导计划落实执行率	90%以上	岗位导师、学校导师／部门负责人、人力资源部
管理能力与领导技能培养	360度调查评价	80分以上	岗位导师、学校导师／人力资源部

续上表

总体指标	特定指标	评估标准	标准分值	标准代码	评估内容	自评要点	自评得分
C 人才培养方案实施（300）	CI 招生工作	针对培养方案所制订的招生标准应与生源市场相适应，同时要严格规范以保证学生能实现培养目标首尾一致；学院应该对潜在生源有所认识，并能通过一定的方式吸引这些生源来校修读	20	*CI—04	在学生入学和毕业之间的信息是否存在可比的，专业（群）如何评估其招生录取并招生工作过程的有效性（效益）	1. 本专业在发布招生简章、进行招生宣传，到中职校宣讲，反复向学生及家长介绍现代学徒制的招生形式，面试前集中宣讲，与企业签订用工合同前的征询意见中，毕业标准，使招收的43名学生对现代学徒制的教学组织与管理未产生异议。 2. 为了做好招生宣传，吸引生源，在此基础上有针对性地赴相关中职学校进行初步沟通，专业教师每人对口联系30余所中职学校进行宣讲，为学生报名创造最有利的条件，后期对报名及考试通过后的学生进行跟踪服务以防生源流失，所有这些都保障了生源来校就读。 3. 新生选拔过程中，校企双方共同考核面试，符合双方要求取录取学生和学徒的准入要求，以期通过双方培养，绝大部分学生两年后能达到毕业标准。从目前情况看有1名学生不喜欢这个行业和岗位自行选择退学，还有1名学生的学习过程中不能遵守企业和学校的制度，被劝退。 4. 经过校企双方半年的努力付出以及学校、企业、学生三方的不断磨合，现有学生的学习均已步入正轨，适应现代学徒制这种人才培养的模式，并在工作岗位上获得企业的充分认可，通过对学生、企业和教师三方的调研发现，这届学生的招生录取工作过程有效性很高。 5. 由于首次采用现代学徒制模式进行招生，学生和家长以及企业和学校对此方式都有一个接受的过程，报考的生源不够充分，可选拔录取的余地不够大，生源质量还有待进一步提升	18
		新生选拔过程应该清晰	15	*CI—05	在新生入学方面有什么激励政策	在新生入学方面的激励政策主要来自企业，合作企业承诺。 1. 广州储备干部/管培生工资为包含2 900~3 050元/3 050元＋绩效奖金，且有米油补助，刚开始综合收入3 000~3 900元或3 150~4 100元。通常7~15个月内做到店长，85%以上店长月收入达到5 000元以上，月收入教高的店长可达到1.5万元以上。两年左右可做到片区经理助理，月收入7 000元左右；3年左右做到区域片区经理，管理35家左右门店，月收入人万元以上，前景广阔。 2. 有完善的职业规划和培训体系。	15

续上表

总体指标	特定指标	评估标准	标准分值	标准代码	评估内容	自评要点	自评得分
C 人才培养方案实施(300)	CⅡ 教学方案应使用多种教学方法	专业(群)应根据人才培养方案要求为学生提供高质量的教学过程。应使用多种教学方法、创造性地、合理地使用现代信息技术。	50	*CⅡ—01	专业(群)是否使用了足够多样化的教学方法?这些方法之间是如何搭配相互的?这些方法是如何在实现人才培养方案中发挥作用的	1. 市场营销现代学徒制班制实施"以在岗学习为本位"的人才培养模式,学习的方式主要是"做中学""学中做""工学结合、工学交替",教学方法主要是真实工作任务法。 2. 对于课理实一体化的课程,在集中授课的课堂中主要采取"翻转课堂"的教学理念和教学模式,课堂中运用小组讨论、个人工作分享、项目训练、师生互相答疑,让学生做老师等多种教学方法让课堂"动"起来,提高教学质量。 3. 对于思政课等合理地使用现代信息技术,采用网络学习与考核方式,解决人才培养目中授课难等问题。 4. 根据课程的性质不同,学生实践所处的阶段不同以及任课教师的风格不同,上述教学方法相互搭配为不同的教学对象,设计和选择教学方法还需进一步改进和完善 5. 由于现代学徒制刚开始试点,一些年轻教师尚未适应这种人才培养模式,特别是教学方法,教学内容和教师所使用的条件。	45
		学习材料的内容是否涵盖了课程设计和"预期的学习结果"所必需的全部内容	30	*CⅡ—04	学习材料的内容是否涵盖了课程设计和"预期的学习结果"所必需的相关内容。	校企共同开发的系列学习材料涵盖了课程设计和"预期的学习结果"所必需的相关内容。 1. "职业规划与成功素质训练"这门专业必修课入选国家级精品资源共享课精品视频公开课,学生可随时登陆"爱课网"学习和交流。 2. "终端营销实战""管理基础与管理""客户服务与管理""人力资源管理"均有网络课程或建成精品资源都较为丰富。 3. "销售型店长项目""管理型店长项目""经营型店长项目""职业店长综合技能训练"4门专业必修课程属于新建课程,前3门课程已获得学校本教材和精品资源共享课程的立项,每门课程都将建成"课程设计大纲""教师手册""学生手册""案例库""视频库""试题库"等立体化课程资源库	24

续上表

总体指标	特定指标	评估标准	标准分值	标准代码	评估内容	自评要点	自评得分
C 人才培养方案实施（300）	CⅢ 学生个体发展	专业（群）和人才培养方案应该支持学生成为全面发展的个体，具有自信的个体，成为优秀的职场一员	30	*CⅢ—07	人才培养方案是否包含了充分的、有针对性的个体项目，用以评估及促进学生能力发展	针对中职学生普遍的学习基础差、学习方法差、学习兴趣差（厌学）、学习习惯差、可塑性强，对新鲜事物兴趣高等特点，在人才培养方案中设计了以下子项目： 1. 为提高个体素质和职业规划能力，在人才方案中安排了"职业规划与成功素质训练"课程，进行个人职业生涯规划，在此基础上进行素质训练，指导学生有效实施职业规划。 2. 为提高个体职业技能，人才方案中按职业店长岗位任务及店长发展路径安排了"销售型店长项目""管理型店长项目""经营型店长项目"和"职业店长综合技能训练"4门项目引领、任务驱动课程，使学生循序渐进，由浅入深，最终成长为合格的店长，成为优秀的职场一员。 3. 人才方案中安排了"门店运营与管理""管理基础与实务""人力资源开发与管理"等6门专业选修课供学生选择，学生可根据自己的兴趣和职业发展有针对性地选课，促进学生能力的发展。 4. 虽然实施现代学徒制，但还是应该开设有关创业与创业方面课程，以满足学生个性化发展需要	27
C 人才培养方案实施（300）	CⅣ 国际视野	为发展学生的国际意识，教师、学生群体，教学材料和国际交流活动都要从整体上形成影响学生国际化的文化氛围	20	*CⅣ—01	国际化的程度如何？按照以下几个方面：国际生所占比例，师资队伍中中外籍教师和具有国际背景的教师的比例，选用国际教材情况，人才培养方案中国际化课程（含中外合作）情况，外语普及水平，学生海外进修和工作经历（情况）	1. 随着百果园公司在海外开店战略的实施，本专业拟订设"海外店长精英班"来支持公司发展对人才的需要。 2. 目前，该专业的国际化程度不高，国际生所占比例，师资队伍中外籍教师和具有国际背景的教师比例，选用国际教材情况，人才培养方案有国际化课程情况，外语普及及水平，学生海外进修和工作经历等都不理想	10

续上表

总体指标	特定指标	评估标准	标准分值	标准代码	评估内容	自评要点	自评得分
D 人才培养方案效果的效果 (300)	D I 评价结果	对学生学业质量的评价应反映"预期的学习结果"和毕业标准。通过发展的统计资料应与人才培养方案要求相适应	50	*D I—01	评价"预期的学习结果"所设置的指标是否与人才培养方案要求相适应，并能给出准确的评分	1. 评价学生"预期的学习结果"所设置的评价指标是否与人才培养方案要求相适应，取决于每门门课考核的内容、方式和评价的准确性。 2. 为了确保评分的准确性和客观性，同一门课由课程组教师集体研讨，然后由教研室主任、分管教学的学院院长审核通过后予以实施。根据人才培养方案和课程标准确定考核内容和方式，分管教 3. 学生在岗评价是企业根据学生德、能、绩、勤，结合岗位标准、技能标准，由岗位导师和学校导师共同进行评价，以保证评价的准确。 3. 每一年度学院组织各专业对教师出卷、阅卷、登分等进行自查，各二级学院领导进行互查，发现问题及时整改。 4. 通过以上制度和办法在较大程度上保证了评价学生"预期的学习结果"的指标与人才培养方案要求能够相适应，教师能够给出较为准确的评分。 5. 从学生就业教育的统计情况看，总体反映出学生学习成绩与其就业质量和用人单位对其评价有着正相关的关系。 6. 但对学生的考核内容、考核方式、评分的准确性还需要进一步完善，以期与人才培养的目标更加吻合	42
		对学生学业质量的评价应反映"预期的学习结果"和毕业标准。通过发展的统计资料应与人才培养方案要求相适应	30	*D I—07	对学生能否通过考核或者毕业的最终裁定都依据哪些的成绩？这些作为判定标准的成绩与国际上的期望标准是否相适应	1. 学生按专业人才培养方案要求完成规定课程，考核合格，达到毕业最低总学分83学分，体能测试成绩达到《国家学生体质健康标准》要求，准予毕业，颁发毕业证书。 2. 如果学生的课程考核不合格，按规定通过补考或重修，考核合格，达到毕业标准，也可准予毕业，颁发毕业证书。 3. 2015年10月，现代服务业研究中心"发达国家人才培养案例"项目启动；2016年3月，市场营销专业第一批交换生前往台湾树德大学学习；深圳百果园实业有限公司海外业务的开拓等为管理学院了解国际上的期望标准迈出了坚实实践的第一步	25

136

续上表

总体指标	特定指标	评估标准	标准分值	标准代码	评估内容	自评要点	自评得分
D 人才培养方案的效果（300）	DⅡ 毕业生质量与就业情况	所培养的毕业生质量应与设定的毕业生标准相吻合，同时与同等层次的该专业国际标准相吻合。学校应为学生就业提供指导和帮助，学生最终就业部门或就业领域与人才培养方案的预期就业领域或就业部门相适应	50	*DⅡ—01	毕业生是否发展出了人才培养方案所期待的那些能力	广东省教育厅认定的现代学徒制市场营销专业尚无毕业生。市场营销专业实施的"百果园店长班"的订单现代学徒是学生入学第二年末与企业签订正式的用工合同的，从本质上也是现代学徒制的表现形式。现就订单班及以其他形式在百果园公司工作的毕业生的表现做如下陈述。 1. 截至2015年12月，共有124名学生在百果园公司工作，其中包括40名现代学徒制学生。目前已有11名在总部职能部门工作，28名升任店长，19名为副店长。在百果园公司拓展海外及北京、上海、杭州等区域市场的过程中，我校校友优太先被选派到省外区域工作，并委以重任。我校校友潘毅俊2016年3月被选派赴新加坡拓展市场。 2. 优秀学生代表有北京人事主管陈菲、运营营督查主管马昭银、集团采购助理安茂林、广州综合管理部人事专员张雪、上海人力资源部人事专员方洁纯、品控部经理助理凌美群等，这些优秀学生为公司的战略发展起到重要的作用。 3. 在2015年度深圳百果园公司精英年会上，来自我校的两位储备干部荣获大奖，并获选为百果园管理学院2015级百果园订单班学生，巫夏君为管理学院店长。其中，现任佛山云良路店长，在2015年度百果园公司员工技能大赛中，一路过关斩将，在精英年会上获得"才高八斗"奖。邹伟锋，2015年1月入职，现为番禺区金山谷副店长，在精英年会上获得"服务之星"奖。 4. 百果园公司反馈，现任佛山云良路店长，在他们合作的50余家所院校中，我们的学生是最令他们满意的，我们的毕业生展现出了人才培养方案中确定的职业店长和储备店长所期待的那些素质和能力。 5. 依然还有个别毕业生难以达到或培养出人才培养方案所期待的那些能力	48

137

续上表

总体指标	特定指标	评估标准	标准分值	标准代码	评估内容	自评要点	自评得分
E 人才质量保障体系(100)	EⅢ 人才培养方案的定期检查	专业(群)应该构建一个正式的、严谨的、有效的质量保障体系，该体系应该覆盖人才培养方案的设计和批准过程、课程的质量监控以及定期对培养方案所有方面的检查，以保证专业(群)的人才培养的活动能够获得持续改进	10	*EⅢ—03	针对人才培养方案制订团队和主要利益相关者的反馈意见，人才培养方案的研制做了哪些调整	1. 近年来，市场营销专业人才培养方案做了较大的调整，一方面基于用人单位对人才培养提出的要求，另一方面基于对人才培养方案提出的意见，还有就是教师团队对于职业教育改革与发展的理解以及对国内领先专业对国内先进专业办学经验的借鉴。 2. 人才培养方案的调整主要体现在以下方面：一是人才培养目标升级为"职业店长"；二是培养方案模式升级为现代学徒制；三是课程体系升级为基于企业工作岗位和工作任务的项目化课程体系；四是课程建设的组织实施线上、线下一体化，理论与实践一体化，在岗学习指导的项目化专任教师开发、校内专任教师、企业教师和带教师傅共同组成；五是课程的任课教师、企业教师、校内导师、企业导师和带教师傅共同组成；六是教师由校内专任教师、企业教师、企业导师和带教师傅共同组成；七是课程的考核与评价由校内专任教师与企业教师共同评定。由于现代学徒制学生与企业签订了正式用工合同，获取正式员工的相应报酬，在岗学习与实践的时间很长，再加上高至在学生休息时间安排集中休息时与学习，致使学生非正常辍学，集中授课时间受到影响。为此需要对人才培养方案的设计与实施进行完善。	9
	EⅣ 对教学过程的监控与评价	专业(群)的人才培养的活动能够得到持续改进	10	*EⅣ—04	改进的效果及其证明材料	1. 通过实施专任教师带着任务下企业锻炼半年的管理办法，有助于校企合作深度开发符合现代学徒制特点的人才培养方案、课程、教材等，同时也提高了校内专任教师的实践技能。 2. 每学期安排督导对教学评价对排名靠前的老师听课、评课，予以指导，帮助改进提高。 3. 管理学院近年来组织教学方法改革微课培训和比赛，以提升教师的教学水平和教学评价。设计教学比赛，翻转课堂教学模式改革和课堂... 4. 管理学院教师发展中心通过新教师培训站，骨干教师训练营等培训项目给教师教学改进与提升提供平台。 5. 管理学院名师工作室为老师们提供一对一、面对面的指导和帮扶。 6. 通过以上方式的培训、指导、帮扶和训练，教师教学质量有明显提高，主要证明材料可通过学生评价的打分、学生座谈会的评价及督导听课评价等方面予以呈现。 7. 企业专门出台合企业导师、带教师傅的教学考核办法并与绩效及晋升挂钩，对提升学徒培养质量起到了重要的作用。 8. 企业定期召开学徒座谈会、工作汇报会、各种培训会，不断完善学徒的培养质量。 9. 成立并召开全国范围的百果园职教联盟职教集团，对市场营销专业现代学徒制的人才培养方案、课程体系、课程、教学方法与手段等进行研讨。 10. 对于教学改进这一工作虽然一直都在推进，但在精细化、规范化方面还有待加强。今后计划对对岗位专业现代学徒进行分批培训	9

六、质量改进措施

通过对专业人才培养质量自评表中需重点关注的评估内容即"标准代码"中带"＊"号的内容自评发现，21 项标准分是 415 分，自评得分 370 分。得分高的主要表现在战略视野、愿景和战略目标、人才培养目标、招生情况、人才培养方案的设计以及毕业生满足用人单位需要等方面，得分低的主要表现在国际化程度、师资队伍、教学资源的建设等方面，即使得分高的项目也存在改进和提升的空间，对此提出如下质量改进措施：

（1）市场营销专业国际化的视野不够，国际化的程度不高。今后的质量改进与对策：一是配合百果园公司海外开店的规划，创造条件将"海外店长精英班"落地。二是进一步扩大与台湾树德科技大学的交流与合作，吸引该校学生成为市场营销专业的留学生。三是在学校领导和国际交流合作中心的领导和支持下，开拓与其他国家和地区的国际化交流与合作，提升本专业的国际化程度。

（2）教学团队中的专任教师缺乏零售连锁的从业经验，企业教师和带教师傅缺少职业教育方面的理念和经验。今后的质量改进与对策：一是从机制上实现校企双方教师的有效沟通与交流并实现优势互补。二是继续支持校内专任教师挂职下企业锻炼，并规范管理与考核，切实提高校内教师行业企业的认知与实践能力。三是为企业教师和带教师傅提供职业教育理念与方法的培训，提升自身的素质与教学水平。

（3）目前市场营销专业师资队伍结构不合理，希望获得学校和相关部门的支持，为该专业引进或培养年富力强的高层次专业带头人 1 名，引进博士 1~2 名，教授或副教授 1~2 名，进而形成一支在年龄、学历、职称等方面结构合理、质量优良的师资队伍，特别是在科学研究与社会服务方面能取得实质性突破，提升该专业的整体建设水平。同时希望学校层面能尽快改革现行教学工作量制度，形成较为科学、合理的业绩考核机制。

（4）虽然招生情况横向比较还算乐观，但依然存在报考的生源不够充分、可选拔的余地不大、生源质量还有待进一步提升等问题。今后要从不同层面进一步加强与相关中职学校的联系，加大招生宣传的力度，特别是努力开发来自偏远和欠发达地区的生源，因为总体来讲，这些地区的学生相对珠江三角洲发达地区的学生更具吃苦精神、更有不断提升自己的志向、更能满足"职业店长"的人才培养目标。

（5）人才方案中对态度、知识、技能的要求拘泥于学校范本的痕迹明显，对企业用人要求的体现还不够充分或表述还不够精准。校企双方对于课程和人员评价方法的设计较为科学合理，但双方对考核细节的把握以及双方评价过程与结果的相互融合有待进一步改进。由于现代学徒制刚开始试点，一些教师尚未适应这种人才培养模式，特别是教学初期对于改革、设计和选择教学方法还需进一步改进和完善。

（6）"销售型店长项目""管理型店长项目""经营型店长项目""职业店长综合技能训练"四门专业必修课程属于新建课程，前三门课程已获得学校校本教材和精品资源共享课程的立项，相关课程资源正在建设过程中，学习资源尚未建设全面和完善。在接下来的一年里，要加快课程资源的建设，以确保学习材料的内容涵盖课程设计和"预期的学习结果"所必需的全部内容。

（7）市场营销专业原有的人才培养方案中安排了"高级营销员"职业资格考试，但现代学徒制班的学生从中职考入，已有自己的职业资格证书，考虑"高级营销员"职业资格证书的价值与意义并不优于企业实际工作岗位的要求与考核，故没有设置。为弥补这一不足，同时为了配合现代学徒制专业教学标准的研制与推广，以及在国内搭建职业店长人才培养的平台，拟与中国连锁经营协会、广东省连锁经营协会及相关企业共同开发"店长职业资格标准"，并向百果园职业联盟和拟成立的店长职教集团推广。

（8）在学校领导和国际交流合作中心的支持下，已与英国相关院校进行了前期的洽谈，并获得了他们关于"零售店长"现代学徒制的标准，并接触到他们的质量保障体系。市场营销专业人才培养目标升级为"职业店长"、人才培养模式升级为"现代学徒制"、专业与教学管理方式升级为"质量保障体系"，所有这些都能在英国找到很好的、可以学习借鉴的模式，同时也为该专业国际化程度的提高创造了有利的条件。

（9）本专业学生在百果园公司每年的保有率已经达到业内非常高的水平，但受整个社会环境及年轻人个性特征的影响，人员流动率还需进一步降低。同时学员的工作积极性和创造性也有待进一步提升。为此百果园公司拟推出店长持股计划，一方面可从根本上改变店长的从业心态，调动店长的工作积极性和创造性；另一方面对稳定店长队伍，激励学生通过自己的努力尽快升任店长都将起到重要的推动作用。

（10）企业用人饱和、受市场冲击以及企业自身的转型升级都会对专业的建设与发展带来很大影响，如何控制风险是我们在诊断过程中必然考虑的问题。市场营销专业一方面紧跟市场，与企业同步转型升级；另一方面不断提升自己服务其他企业和整个行业的能力。另外，为企业提供所需的毕业生只是校企合作的初级阶段，学校还要有能力与企业一起研制职业资格标准，为企业提供技术、管理与培训服务，进而使校企合作与专业建设向更深层次发展。

7 零售店长职业教育联合体

英国管理史学家斯图尔特说："管理没有最终的答案，只有永恒的追求。"零售店长职业教育遭遇的问题不在微观教学环节，而在于文化、标准、规则、服务。单纯依靠个别专业、学校或企业，是不能有所突破的。这是我们走到此时此刻所遭遇的问题。从百果园学院到百果园职业教育联盟，我们希望能与业界同仁一起去追求。在国家推动教育改革及大力促进职业教育集团发展的背景下，职业教育集团将会是零售店长社会生态演进中的里程碑。

7.1 百果园职业教育联盟

百果园职业教育联盟于 2015 年 12 月 26 日成立，秘书处设在广州番禺职业技术学院。百果园职业教育联盟设立的最初目的，是为了协调解决企业跨地域选拔店长储备人才的问题。在不到一年的时间内，已经有多家成员单位开设了百果园学院或百果园订单班，中山职业技术学院也已启动现代学徒制试点。

百果园职业教育联盟章程

第一章 总 则

第一条 根据《国务院关于加快发展现代职业教育的决定》《现代职业教育体系建设规划（2014—2020 年)》，面向果品流通业对高层次职业技能人才的需求，依托百果园学院，联合部分高职院校、中职学校、本科院校、果品流通企业、行业协会，以促进果品流通业现代学徒制职业人才联合培养为宗旨，发起成立"百果园职业教育联盟"（以下简称"联盟"）。

第二条 联盟发起单位

（一）企业

深圳市百果园实业发展有限公司。

（二）学校

广州番禺职业技术学院、金华职业技术学院、顺德职业技术学院、中山职业技术学院、广东科贸职业技术学院、河源职业技术学院、东莞职业技术学院、马鞍山职业技术学院、台湾树德科技大学、北京农学院、武汉商学院、广州市商贸职业学校、东莞市商业学校。

（三）行业协会

深圳市连锁经营协会。

第三条 联盟性质

联盟是由校、行、企等方面相关单位自愿组成的、非营利性的、非法人资格的职业教育联合体。

第四条　联盟的宗旨

本着自愿、平等、合作、发展的原则，在联盟成员之间建立互惠、稳定的协商与合作机制，围绕果品流通业高层次职业技能人才培养这一核心任务，充分发挥百果园学院的平台作用及联盟成员单位的特色资源优势，协同推进现代学徒制培养模式，提升本行业职业教育可持续发展能力，为果品流通行业的结构调整与转型升级贡献力量。

第五条　联盟依据《高等教育法》《职业教育法》等法律法规开展各类活动，接受有关主管单位的业务指导。

第六条　联盟中文全称：百果园职业教育联盟，英文译名：PAGODA Vocational Education Association，英文缩写：PVEA。

第二章　会　员

第七条　联盟成员单位以海内外高等职业教育类院校、果品流通业知名企业、行业协会（学会）为主，邀请部分开设相关专业的普通高校、中职学校参与。本联盟的会员为单位会员。

第八条　申请成为本联盟的会员，必须具备下列条件：

（一）承认联盟章程；

（二）自愿提交申请；.

（三）在职业教育领域内具有良好声誉；

（四）具有独立法人资格；

（五）同本联盟核心企业具有良好的前期合作基础。

第九条　会员入盟的程序：

（一）提交入盟书面申请及本单位介绍材料；

（二）联盟秘书处审核资料；

（三）理事会讨论通过；

（五）理事会授权秘书处颁发会员证书。

第十条　会员享有下列权利：

（一）参加联盟理事会，参与讨论和决定联盟发展的重大事项；

（二）分享联盟各类职业教育资源，参与联盟相关活动；

（三）入会自愿、退会自由。

第十一条　会员履行下列义务：

（一）拥护和遵守联盟章程；

（二）执行联盟的决议；

（三）维护联盟及本行业的合法权益和声誉；

（四）积极参与联盟组织的活动；

（五）承担并完成联盟委托的工作。

第十二条　会员退会应书面通知联盟秘书处；会员如不遵守联盟章程，有严重违反本章程的行为，经理事会表决通过，予以除名。

第三章　组织机构

第十三条　联盟组织机构由理事会、秘书处、地区（专项）工作建设委员会组成。

第十四条　理事会由成员单位相关部门负责人、联盟秘书长、顾问组成，理事会设理事长1名，首任理事长由广州番禺职业技术学院校级领导担任，常务副理事长与副理事长各若干名。理事会采用单位席位制。理事会的主要职责是：

（一）修改联盟的章程及审议和修改联盟内部管理制度；

（二）审定联盟工作计划、资金预算；

（三）任命秘书长及秘书处工作人员，对秘书处工作进行考核；

（四）审批新成员的加入；

（五）确定理事长、常务副理事长、副理事长；

（六）决定联盟组织的变更和终止；

（七）决定联盟的其他重大事项。

第十五条　联盟下设秘书处。秘书处为联盟常设办事机构，负责联盟日常事务和项目的协调、管理工作，秘书处设在广州番禺职业技术学院。

秘书处成员由联盟成员单位推荐、理事会任命，秘书处设秘书长2名、副秘书长若干名。

秘书处主要职责是：

（一）拟订联盟年度工作计划、资金预算；

（二）执行理事会决议，落实工作计划及理事会交办的其他工作；

（三）负责联盟经费日常管理；

（四）工作总结与汇报等；

（五）新闻宣传；

（六）其他日常工作。

第十六条　根据联盟发展需要，可以设立地区分支机构或专项工作委员会。

第四章　合作领域

第十七条　搭建沟通平台

完善理事会、秘书处、顾问团等组织机构，逐步建立和完善沟通渠道，形成稳定、高效的沟通机制；定期举办果品流通业职业教育交流活动，搭建政、校、行、企多方对话平台。

第十八条　探索体制机制创新

以提高人才培养质量为目标，通过深化校行企之间的合作，推动现代学徒制深入开展，推动百果园学院连锁体系建设，建立多方互赢的体制机制。

第十九条　推动资源共享

探讨专业建设及教学管理的新路径，在课程建设、实习实训基地建设、教师队伍建设、就业指导等方面加强合作，实现师资、课程和实习实训基地的优势互补；共同开发与推广专业教学标准，推动跨校选课，探索院校间学分互认。

第二十条　加强队伍建设

在保持人事关系不变及知识产权归属为原单位的前提下，推进联盟成员间的教师（或企业导师）跨校授课、跨校指导学生等，实现优质师资共享。为专业教师到企业挂职学习创造机会，提高联盟专业教师的行业教学、研究与服务能力。

第二十一条　开展科学研究与社会服务

以联盟成员的优势科研领域为支撑，结合行业与企业发展急需解决的重大理论与实践问题，联合开展研究项目，积极为研究成果的转化应用创造条件，提升联盟对行业企业的研究支持能力。

研发体现现代学徒制办学要求及企业高层次职业人才培养需求的教学资源。

第二十二条　促进交流与合作

搭建联盟成员与境内外院校及相关机构的交流平台，拓展联盟的社会网络资源。

第二十三条　联盟的合作内容包括但不限于以上领域。

第五章　经　费

第二十四条　联盟经费的主要来源是各成员单位资助与社会捐赠。

第二十五条　联盟经费由理事会指定专人、专户管理，秘书处负责日常财务管理。联盟经费用于本章程规定的业务活动和事业发展，不得在成员间分配。

第六章　附　则

第二十六条　本章程未尽事宜或有关条款的修改，由联盟成员单位提出补充或修改意见，报理事会审议通过。

第二十七条　本章程经联盟理事会会议表决通过后生效。

第二十八条　本章程的解释权属联盟秘书处。

百果园职业教育联盟 2016 年工作计划

依据《百果园职业教育联盟章程》，2016 年以加强联盟成员沟通了解并进一步夯实联盟可持续发展基础为年度工作目标，在征求成员单位意见的基础上，拟订 2016 年工作计划。

一、加强交流分享，凝聚合作团队

为联盟成员提供交流分享的机会与平台，提倡成员间重大教研活动彼此开放，为教师之间相互学习创造机会。至少组织 2 次专题研讨、经验分享或师资培训活动，增强高校教师、企业管理人员、企业讲师等方面的彼此了解与认同。

二、健全沟通渠道，提高合作效率

开发网站或微信公众号、QQ 群等工具，建立维护与运营团队，完善信息传输与共享机制，提高合作效率；综合利用百果园公司形象推广网络、百度百科、各院校宣传媒体等媒介加强对外宣传，提高联盟知名度。

三、启动研究项目，延伸合作空间

跨单位组建研究团队，启动百果园员工职业发展研究与支持中心、果品流通市场数据研究中心项目建设，扎实推进对果品流通领域市场运行规律及职业人才培养规律的科学研究，在此基础上开发增值服务。引导并鼓励教师协作开展教改、科研、社会服务等项目，力争培育协作项目团队2个以上。

四、拓展协作网络，增加合作伙伴

配合企业连锁经营事业发展的步伐，积极发展在当地具有影响力的院校加盟，计划新增院校成员5家以上；尝试共享成员单位的协作伙伴，吸纳具有较高相关度的企业、行业协会、学会等单位加入联盟，计划新增非院校成员1~2家。

五、推广办学模式，优化合作机制

进一步总结提炼百果园学院建设与运营模式，共享教学教改成果，选择条件成熟的地区建设1~2家百果园学院，并进一步探索适合连锁学院发展的合作机制。逐步在课程建设、实习实训基地建设、教师队伍建设、就业指导等方面加强合作，实现师资、课程和实习实训基地的优势互补；共同开发与推广专业教学标准，逐步推动跨校选课，探索院校间学分互认。

六、发布研究成果，分享实践经验

2016年底，广州番禺职业技术学院承担的广东省职业教育专业教学标准研制项目——"现代学徒制高职市场营销专业教学标准的研制"将进入结题阶段，相关的研制成果可在联盟内部发布。联盟组成的协作项目团队也会有初步的成果显现，各成员单位经过一年的探索与实践也会有很多经验可以分享，拟在2016年的百果园职教联盟年会上发布研究成果，分享实践经验。

"沟通、协作、分享、创新"是百果园职业教育联盟成立大会上提出的工作理念。从一年来的工作情况看，联盟在"沟通与分享"上表现较好。当然，成员之间需要磨合，一年的时间还不足以达到最佳状态。但是，自1990年第一个职业教育集团成立至2016年上半年，全国已经有1 288个职业教育集团，其中大部分属于"僵尸"组织，这种现象提醒我们：一段时间以后，百果园职业教育联盟会更有效率，还是会成为一个新的"僵尸"组织。我们不得不深入思考百果园职业教育联盟的发展思路与方向。

每个职业教育集团成立的时候都是轰轰烈烈，但大多数会逐渐沉寂。翻看这些职教联合体的过往，可以确认，如果缺少有情怀的领导者，缺少高效率的执行团队，缺少持续的经费投入，缺少在体制机制方面的突破，百果园职业教育联盟的前途堪忧。

本书在关于零售店长社会生态系统的阐释中已经言明，职业店长培养需要文化、需要服务、需要可以影响职业店长社会生态的力量。基于这些考虑，我们有意将百果园职业教育联盟升级为职业店长教育集团，以下是关于职业店长教育集团的思考。

7.2　功能定位

职业店长教育集团是校企合作进入特定阶段的必然选择。零售店长人才供给与需求所面临的问题只有在更具有协同化特征的环境中才能找到有效策略，见表7－1。

表7－1　职业店长教育集团需要回应的问题

企业（零售店长需求）	学校（零售店长供给）
（1）如何保证人才供给的稳定性	（1）如何实现行政体系与企业体系有效对接
（2）如何将企业人力资源服务对外输出，让人力资源管理部门成为战略经营单位（SBU），而不仅仅是成本中心	（2）如何将优秀的教学及科研成果产品化、市场化
（3）如何整合发挥学校、社会办学机构对企业发展的支持作用	（3）如何将专业教师从招生宣传等繁杂的事务中解脱出来，让他们能更专注专业教学和研究
（4）如何为在岗人员提供高品质的学习资源与服务	（4）如何提高学校之间教学资源共享的水平
（5）如何提升企业在行业人才队伍建设中的影响力，发挥行业领军企业的作用	（5）如何用更有效率的方式为教师和学生职业发展提供支持
（6）如何开发与推行店长从业标准与规范	
（7）如何提升店长群体的组织化程度	
（8）如何引领职业店长文化	

以百果园职业教育联盟产生背景为例，大范围校企合作所形成的教育资源需要以适当的形式进行发掘、提炼、创造与传播，从而让本来处于成本中心的校企合作成为战略经营单位（Strategic Business Unit，SBU）。百果园公司的连锁体系要扩展到华东地区，就需要在当地寻找合作院校；要在北京开店，就要寻找北京的院校作为店长人才培育基地；要在海外拓展市场，则需要建立海外店长人才培养体系。在学校一端，本着为学生提供更多选择的教育责任，同百果园公司有深度合作关系的广州番禺职业技术学院、金华职业技术学院、北京农学院、武汉商学院等院校也会有其他合作企业，各自形成了具有校本特色的零售店长教育资源。高效率的职业教育联合体是让这些教育资源凝聚和价值提升的战略举措。

职业店长教育集团的基本功能概括起来有三个：其一是沟通，其二是服务，其三是创造。从职业教育联合体生命周期轨迹来看，这三项功能虽然有所交叉，但特定阶段目的诉求会有差异，会呈现递进的关系。也就是说初期以沟通为主，中期以服务为主，创造是在条件成熟的时候所形成的更高层次的功能诉求。职业店长教育集团功能见表7－2。

表 7-2　职业店长教育集团的功能

目的	沟通	服务	创造
工作内容	研讨会、年会等交流活动；建立网站、微信公众号等信息互通与发布渠道；高层领导对话机制……	师资培训、联合招聘、联合招生、实训基地共享、课程共享、建设店长征信服务……	新课程开发、社会服务项目开发、建设职业技术技能标准、课题研究……

　　职业教育集团能否支撑更高层次的追求，在很大程度上取决于自身治理结构与运行机制。国内目前职业教育联合体的数量是颇为庞大的，但除了政府投资建设的职业教育集团外，由校企联合成立的职业教育集团大多数仍然停留在第一层次的目的，即以成员间的沟通为主，而且有相当一部分职业教育联合机构在热闹开场之后便沦为沉寂。究其原因，治理结构存在严重缺陷是根本原因，没有独立运营团队、没有形成造血机制则是直接原因。

　　百果园职业教育联盟在上述三个目的层次上都在积极尝试，之所以可以做更深入的尝试，主要源于联盟具有如下条件：

　　（1）所有院校与百果园公司有紧密的合作关系。

　　（2）按照与公司合作紧密程度及在区域人才供给中的地位，公司确定了区域核心院校。

　　（3）公司对校企合作事业部进行改制，校企合作事业部成为利润中心，具有推动校企合作深度发展的内在动力。

　　（4）合作院校中的大多数院校经过了国家示范或国家骨干院校建设，有升级发展的需求。

　　（5）百果园职业教育联盟秘书处有较为稳定的工作团队。

　　（6）院校课程、专业、师资等方面的改革同企业内训及企业大学建设具有较好的同步性。

7.3　法律组织形式

　　职业教育集团有法人和非法人组织形式。法人形式的职业教育集团主要有三种类型：

　　（1）由职业院校牵头发起成立的非营利性社会组织，如江西现代职业教育集团。

　　（2）由企业牵头发起成立的非营利性社会组织，如联想职业教育集团、中国现代渔业职业教育集团。

　　（3）股份制形式的营利性企业组织，如青岛西海岸职业教育集团有限公司。

比较而言：非法人组织形式的职业教育集团在促进成员沟通方面能发挥比较好的作用，但效率较差，开展协同项目的能力偏弱；法人组织形式的职业教育集团因其资格的独立性，具有更大的活动空间，但其运行效率则取决于执行能力；企业形式的职业教育集团能够实现更高效的运作，但宥于院校在对外投资能力方面的缺陷，职业院校与职教集团的结合方式会受到限制。

社会团体形式的职教集团是由企业牵头合适，还是由院校牵头合适，主要考量牵头单位是否符合如下条件：

（1）更有号召力。

（2）更能为社团提供工作上的支持，例如人员、资金、场地等。

（3）对职业教育集团发展方向与思路的把握更准确。

（4）更愿意承担领导责任。

（5）能给企业带来更多的回报。

7.4 运营机制

职业教育集团的执行机构是秘书处，在校企之间发挥沟通、协调与引导作用，降低校企之间因体制不同带来的交易成本。对于企业或行业协会而言，职业教育集团是店长人才外部培养服务的直接提供者；对于学校而言，职业教育集团是教育服务输出平台。职业教育集团运行示意图见图7-1。

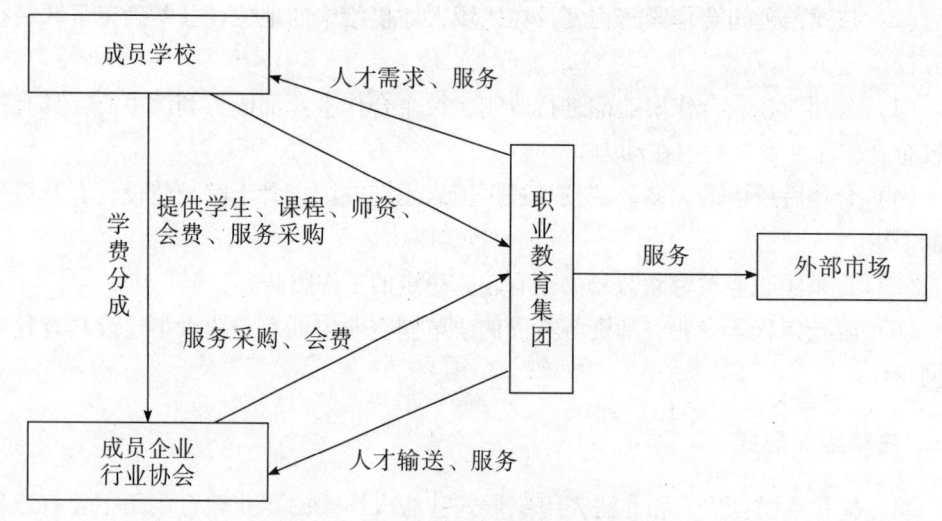

图7-1　职业教育集团运行示意图

（1）职业教育集团是独立核算的法人机构，在理事会监督下执行预决算制度。

（2）会员代表大会是集团最高权力机构，理事会是会员代表大会的常设机构，代行会员代表大会职权；职业教育集团秘书处依据章程，在理事会授权范围内组织开展日常业务；设立监事会，监督、检查与引导理事会工作。

（3）职业教育集团属非营利性社会团队，收入来源包括会费、服务收入、捐赠所得等，运营收入用于职业店长人才培养事业，不得在会员间分配，按照非营利组织要求控制各类支出。

（4）职业教育集团主要功能是服务会员单位，在条件允许的情况下，适度开展对外服务。

7.5　工作团队

关于工作团队建设，目前的职业教育集团有四种策略：

（1）秘书处（或企业）挂靠院校设置，组成以院校教师为主体的团队，教师以专职或兼职身份介入。

（2）秘书处（或企业）挂靠企业设置，组成以企业员工为主体的团队，员工以专职或兼职身份介入。

（3）秘书处（或企业）独立设置，聘用专职人员组成工作团队，企业员工与院校教师参与运营。

（4）由院校或企业的内设机构代行秘书处（或企业）职能。

四种方式中，第一和第二种方式最为简单，但因为缺少独立性，运行的稳定性与效率容易受到干扰；第三种方式独立性最强，投入也比较高，对团队运营能力，特别是对维持资金收支平衡的能力有更高要求；第四种方式运用的前提是，院校或企业内设机构的运营目标同职业教育教团的运营目标有高度复合性，也就是说职业教育集团要做的事也是院校或企业的主要工作内容，这种一致性确保在不增加新机构的情况下，职业教育集团的功能能得到实现。

职业店长教育集团适合采用第四种方式，因为百果园职业教育联盟具备下述条件：

（1）管理学院定位于建设职业店长学院，其发展方向与工作内容同职业教育联盟的功能定位高度一致。或许有人问：两者体制机制不同，怎么能混到一起呢？很简单，通过转换自身的结构与工作方式，让两者在体制机制上协同起来就能解决问题。既然要开展现代学徒制，并且认同职业教育新的变革方向是突出企业导向，为什么还要固守原有的选择呢？可以通过对管理学院的适度改造，将管理学院整体转换为"职业教育集团秘书处"。

（2）深圳百果园公司推行内创业体制，校企合作事业部成为利润中心，这为职业教育集团与企业校企合作事业部的复合提供了可能性。

8 结　　语

综上所述，笔者对广州番禺职业技术学院零售店长培养工作进行了梳理与总结，概括了零售店长社会生态的现状特点，在回顾传统商事学徒与借鉴英国现代学徒制的基础上，粗略勾勒出高职院校零售店长培养模式的思维与行动框架。主要观点如下：

（1）现代学徒制在政策层面被视为人才培养模式改革的措施，而非劳动力供给方式，适合企业用工的配套政策尚未建立，在此背景下，企业主动参与意愿不足，决定现代学徒制能否顺利开展的力量是职业院校。

（2）现代学徒制是对人才培养社会价值链条的重新安排，为职业院校融入开放的职业教育生态体系提供了历史性机遇。

（3）现代学徒制推行的主要障碍是院校行政机制与企业市场机制之间的沟通障碍，类似传统学徒中保荐制的第三方服务是破解沟通障碍的策略选择。

（4）微观层面人才培养模式的效率与效果，取决于零售店长的社会生态；当前零售店长群体规模庞大，但社会生态处于无序状态，缺少标准、规范、组织与文化；高职院校要突破狭隘的人才培养模式观念，不仅要关注人才选择、培育与输送，而且要在从业标准、行业规范、引领职业店长社会文化、推动店长群体组织化等方面积极作为。

（5）现代学徒制框架下零售店长的培养面临的问题是社会问题，需要协同相关院校、企业、行业协会、政府部门等力量方能有所突破，组建职业店长教育集团是一个策略选择。

现代学徒制与零售店长职业化发展都是颇具时代感的命题，宏大且具有不确定性。本书作者单凭一家实践，管中窥豹，刍议之言必有疏漏，诚望各方同仁批评指正。

参 考 文 献

［1］张成涛. 高等职业教育适应性摭论［J］. 西安交通大学（社会科学版），2011（2）.

［2］魏宏森，姜炜. 科技、经济、社会与环境持续协调发展的反馈机制研究［J］. 系统工程理论与实践，1996（6）.

［3］毕克贵. 高校教学质量信息反馈系统的长效机制［J］. 东北财经大学学报，2012（2）.

［4］李恒威. 构建全程性教学质量评价体系及反馈模式［J］. 中国成人教育，2011（17）.

［5］王辉，张小诗，刘海军. 高校人才培养质量反馈机制建构［J］. 现代教育管理，2011（11）.

［6］谢安邦. 构建大学外部利益关系者信息反馈机制探析［J］. 中国高教研究，2011（1）.

［7］刘海燕，曾晓虹. 学科与专业、学科建设与专业建设关系辨析［J］. 高等教育研究学报，2007（12）.

［8］徐秀英，韩美贵，李中华. 高校毕业生社会评价反馈与适应机制研究［J］. 高等工程教育研究，2008（2）.

［9］赵晓阳，刘金兰. 学生参与度评价：一种学生主体的教育质量评价方法［J］. 高教探索，2012（6）.

［10］ASTIN A W. Student Involvement—A Developmental Theory for Higher Education［J］. Journal of College Student Development，1999（40）.

［11］WEBBER K L，HERMANOWICZ J C，LEE K. A Structural Equation Model Examining the Relationship Between Motivation，Perceptions of the College Environment，Quality of Effort，and Student Achievement in the First Year of College［M］. Athens，2010.

［12］JUNCO R，HEIBERGER G，LOKEN E. The Effect of Twitter on College Student Engagement and Grade［J］. Journal of Computer Assisted Learning，2011（4）.

［13］PIKE G R，SMART J C，ETHINGTON C A. The Mediating Effects of Student Engagement on the Relationships Between Academic Disciplines and Learning Outcomes：An Extension of Holland's Theory［J］. Research in Higher Education，

2012 (5).

[14] EFFERS L, OORT F L, KARSTEN S. Making the Connection：The Role of Social and Academic School Experiences in Students' Emotional Engagement with School in Post-Secondary Vocational Education ［J］. Learning and Individual Differences, 2012 (22).

[15] MEYER K A. Student Engagement in Online Learning：What Works and Why ［M］. Ashe Higher Education Report, 2014 (6).

[16] SHUI-FONG L, JIMERSON S, SHIN H. Cultural Universality and Specificity of Student Engagement in School：The Result of an International Study from 12 Countries ［J］. British Journal of Educational Psychology, 2015 (5).

[17] TINTO V. Dropout from Higher Education：A Theoretical Synthesis of Recent Research ［J］. Review of Educational Research, 1975 (1).

[18] PASCARELLA E T. College Environmental Influences on Learning and Cognitive Deve lopment：A Critical Review and Synthesis ［J］. Higher Education：Handbook of Theory and Research, 1985 (1).

[19] 朱红. 高校学生参与度及其成长的影响机制——十年首都大学生发展数据分析 ［J］. 清华大学教育研究, 2010 (6).

[20] 林炊利. 学生参与大学决策的路径选择 ［J］. 江苏高教, 2012 (1).

[21] 董向宇. 论现代大学内部"共同治理"中的学生参与 ［J］. 全球教育展望, 2015 (1).

[22] BONAEEORSI A, PIEEALUGAL A. A Theoretical Framework for the Evaluation of University-Industry Relationships ［J］. R & D Management, 1994 (3).

[23] GEISLER E. Industry-University Technology Cooperation：A Theory of Inter-organizational Relationships ［J］. Technology Analysis & Strategic Management, 1995 (2).

[24] SANTORO M D, CHAKRABARTI A K. Firm Size and Technology Centrality in Industry-University Interactions ［J］. Research Policy, 2002 (8).

[25] 朱爱辉. 产学研合作股份制公司的投资格局、利益分配及其激励 ［J］. 研究与发展管理, 2007 (1).

[26] 祖廷勋, 罗光宏, 陈天仁, 等. 构建高校产学研合作机制的制度范式分析 ［J］. 生产力研究, 2005 (8).

[27] 嵇忆虹, 吴伟, 朱庆华. 产学研合作的利益分配方式分析 ［J］. 研究与发展管理, 1999 (2).

[28] 肖凤翔, 雷珊珊, 肖艳婷. "学校主体式"校企合作职业教育的困境及成因 ［J］. 职业技术教育, 2013 (7).

[29] 聂伟, 刘兰明. 从必然性到过渡性：企业教育视角下的校企合作发展 ［J］.

高等教育研究，2012（12）.

[30] 王欣，吴书安，夏晓青. 校企合作教学质量保障体系的构建与实践［J］. 教育与职业，2014（8）.

[31] 廖新平. 中国传统十大商帮的兴衰分析与闽商的可持续发展［J］. 福建商业高等专科学校学报，2007（10）.

[32] 殷俊玲. 晋商学徒制习俗礼仪初考［J］. 山西大学学报（哲学社会科学版），2005（1）.

[33] 崔铁刚. 新中国学徒制演变的制度分析［J］. 职教论坛，2010（10）.

[34] 颜莉霞. 基于全真开放式平台下校企合作培养店长能力的探析［J］. 商贸人才，2015（7）.

[35] 张志鹏. 公司治理创新：从公司文化认同视角的分析［J］. 经济学研究，2005（6）.

[36] 王廷元. 徽商从业人员的组合方式［J］. 江海学刊，2002（1）.

[37] 马勇虎，李权弟. 徽州商号"伙计"的生活实态［J］. 黄山学院学报，2011（4）.